高职院校
教师队伍建设研究

刘继芳 ◎ 著

哈尔滨出版社
HARBIN PUBLISHING HOUSE

图书在版编目（CIP）数据

高职院校教师队伍建设研究／刘继芳著. -- 哈尔滨：
哈尔滨出版社，2025.1
ISBN 978-7-5484-7903-1

Ⅰ.①高… Ⅱ.①刘… Ⅲ.①高等职业教育-师资队
伍建设-研究-中国 Ⅳ.①G718.5

中国国家版本馆 CIP 数据核字（2024）第 091245 号

书　　名：**高职院校教师队伍建设研究**
GAOZHI YUANXIAO JIAOSHI DUIWU JIANSHE YANJIU

作　　者：刘继芳　著
责任编辑：滕　达

出版发行：哈尔滨出版社（Harbin Publishing House）
社　　址：哈尔滨市香坊区泰山路 82-9 号　邮编：150090
经　　销：全国新华书店
印　　刷：北京虎彩文化传播有限公司
网　　址：www.hrbcbs.com
E-mail：hrbcbs@yeah.net
编辑版权热线：（0451）87900271　87900272
销售热线：（0451）87900202　87900203

开　　本：787mm×1092mm　1/16　印张：11.5　字数：200 千字
版　　次：2025 年 1 月第 1 版
印　　次：2025 年 1 月第 1 次印刷
书　　号：ISBN 978-7-5484-7903-1
定　　价：58.00 元

凡购本社图书发现印装错误，请与本社印制部联系调换。
服务热线：（0451）87900279

前　言

随着科技的日新月异和产业的不断升级,社会对高职毕业生的要求也在不断提高。这就要求高职院校的教师必须具备与时俱进的专业知识和实践技能,能够紧跟行业发展的步伐,将最新的技术成果和市场需求融入教学中去。但是,由于现实条件的制约,高职院校在教师队伍建设方面还面临着诸多挑战。比如,教师队伍结构不尽合理,高层次、高水平的领军人才相对缺乏;教师的实践经验和行业背景不足,难以满足应用型人才培养的需要;教师的职业发展和激励机制不完善,影响了教师的工作积极性和创新能力的发挥。正是基于这样的背景,高职院校教师队伍建设显得尤为重要和迫切。通过加强教师队伍建设,既可以优化教师队伍结构,又能够提升教师的整体素质,还可以为学院的教学改革和科研工作提供有力的人才保障。一支高素质的教师队伍也是高职院校吸引优质生源、扩大社会影响力、提升国际竞争力的重要支撑。

高职院校教师队伍建设的内涵十分丰富,既包括教师的选拔与聘用、培训与提升,也包括教师的评价与激励、发展与规划。在这个过程中,需要学院领导层的高度重视和大力支持,需要人事部门、教学部门、科研部门等多方的协同配合,更需要广大教师的积极参与和共同努力。只有这样,才能形成全员参与、全方位推进、全过程管理的教师队伍建设新格局。

本书一共分为七个章节,主要以高职院校教师队伍建设为研究基点,通过本书的介绍让读者对当代高职院校教师队伍建设有更加清晰的了解,进一步摸清当前高职院校教师队伍建设发展脉络,为高职院校教师队伍建设研究提供更加广阔的用武空间。在这样的一个背景下,高职院校教师队伍建设研究仍然有许多空白需要填补,需要在已有的基础上进一步深入地开展研究工作,以适应不断发展的新形势。

目　　录

第一章 高等职业教育概述

第一节 高等职业教育的性质

一、高等职业教育是培养技术型人才的一种高等教育

(一)高等职业教育是培养高等专门人才的高等教育

1. 高等职业教育的定位与特点

高等职业教育是一种面向职业岗位群、以技术应用和职业技能培养为主线的教育类型。它的培养目标是使学生具备必要的理论知识和科学文化基础,熟练掌握主干技术,侧重实际应用,并注重相关知识面的拓展。同时,高等职业教育还强调培养学生的表达能力、与人沟通协作能力、自我获取知识的能力以及分析问题和解决问题的能力。与普通高等教育相比,高等职业教育更加注重实践性和应用性。它强调教学与生产实践相结合,注重学生的职业技能训练和职业素养培养。这种教育模式有利于培养学生的实际操作能力和解决问题的能力,使他们能够更快地适应工作岗位的要求。

2. 高等职业教育在人才培养中的作用

高等职业教育在人才培养中发挥着重要作用,它是培养高技能人才的重要途径。随着科技的进步和产业的发展,社会对高技能人才的需求越来越迫切。高等职业教育通过专业的课程设置和实践教学,能够培养出大量具备高超技能和创新精神的高技能人才,为经济社会发展提供有力的人才保障。而且,高等职业教育是推动区域经济发展的重要力量。高等职业教育紧密结合地方经济社会发展的需求,为地方经济发展提供人才支撑和技术支持。通过与地方企业开展校企合作、产教融合,高等职业教育能够为地方经济发展注入新的活力和动力。并且,高等职业教育是促进社会就业和民生改善的重要渠道。高等职业教育毕业生具备较高的就业竞争力和创业能力,他们能够快速

适应市场需求,实现稳定就业和自主创业。不仅如此,高等职业教育还通过开展技能培训、继续教育等方式,为广大劳动者提供多样化的学习机会和发展空间,促进社会就业和民生改善。

3. 高等职业教育的发展态势

随着教育改革的不断深化和人才竞争的不断加剧,高等职业教育将更加注重质量提升和内涵发展。通过优化专业结构、完善课程体系、改进教学方法等手段,不断提高教学质量和水平,培养出更多高素质的技术技能人才。而且,高等职业教育将更加紧密地对接产业需求和市场变化,不断调整专业设置和课程内容,使教育与产业更加融合。通过与行业企业开展深度合作,共同制定人才培养方案和教学标准,实现人才培养与产业需求的无缝对接。并且,随着全球化的不断深入和国际交流的日益频繁,高等职业教育将更加注重国际化发展。通过引进国际先进的教育理念和教育资源,加强与国外高校和企业的合作与交流,提升我国高等职业教育的国际影响力和竞争力。

(二)高等职业教育是培养高等技术应用型人才的教育

1. 高等职业教育与中等职业教育的区别

高等职业教育与中等职业教育在培养层次上存在着明显的差异。中等职业教育主要培养的是初级技术人才,其知识和技能水平相对较低,难以适应社会和经济发展对高层次技术型人才的需求。而高等职业教育则培养的是高等技术应用型人才,其知识和技能水平更高,能够更好地满足社会和经济发展的需求。而且,在教学内容上,高等职业教育更加注重理论知识和实践技能的结合。它不仅要求学生掌握扎实的专业知识,还要求学生具备较强的实践动手能力和创新能力。并且,高等职业教育还注重培养学生的综合素质和可持续发展能力,使他们能够具备更强的竞争力和更广阔的发展空间。

2. 高等职业教育的重要性

高等职业教育作为培养技术型人才的高等教育类型,对于推动我国经济和社会的发展具有重要意义,它能够满足社会对多层次、多类型人才的需求。随着产业结构的不断升级和新兴产业的快速发展,社会对技术型人才的需求越来越迫切。高等职业教育通过培养具备高技能和高素质的人才,为社会发展提供了有力的人才保障。并且,高等职业教育与地方经济发展需求紧密联系，为地方经济发展提供人才支撑和技术支持，通过与地方企业开展校企合作、产教融合，高等职业教育能够为地方经济发展注入新的活力和动力，推动经济增长和产业转型。并且，随着全球化的不断深入和国际竞争的日益激烈，国家的整体竞争力越来越取决于人才的竞争。高等职业教育通过培养具备国际视野和创新能力的人才，为提升国家的整体竞争力提供了强有力人才支撑。

（三）高等职业教育是培养生产、建设、管理、服务第一线需要的综合实用型人才的教育

1. 高等职业教育与生产实践紧密结合

高等职业教育与当地生产实践紧密结合，是其培养综合实用型人才的重要途径，这种教育模式注重理论与实践的结合，强调知识的应用性和实践性。通过与企业合作、开展实习实训等方式，高等职业教育使学生能够在实际工作环境中学习和运用所学知识，提高解决实际问题的能力。而且，高等职业教育还根据市场需求和行业发展趋势，不断调整和优化专业设置和课程内容，确保所培养的人才符合社会和企业的需求。这种紧密对接市场的教育模式，使得高等职业教育毕业生在就业市场上具有更强的竞争力和适应性。

2. 高等职业教育注重综合素质培养

除了专业技能的培养，高等职业教育还着重于重视学生综合素质方面的培养，这种教育模式强调学生的全面发展，注重培养学生的创新能力、团队协作能力、沟通能力等非技术性能力。通过丰富多彩的课外活动和社会实践，高等职业教育为学生提供了展示自我、锻炼能力的平台。这些活动不仅有助于提高学生的综合素质，还有助于培养学生的社会责任感和职业道德素养，并且，这种教学模式使得高等职业教育毕业生在职业发展过程中，具有更强的竞争力和可持续发展能力。

3. 高等职业教育服务地方经济社会发展

高等职业教育作为地方经济社会发展的重要支撑，其培养的综合实用型人才对于推动地方经济社会发展具有重要意义。这种教育模式紧密结合地方产业结构和经济发展需求，为地方企业提供人才保障和技术支持。通过与地方政府和企业的深度合作，高等职业教育不仅能够了解地方经济社会发展的需求和趋势，还能够为地方经济社会发展提供有针对性的人才培养和科技创

新服务。这种服务模式使得高等职业教育成为地方经济社会发展的重要推动力量,为地方经济的转型升级和可持续发展提供了有力的人才保障和技术支持。

二、高等职业教育是产、学、研合作教育

(一)培养目标的全面性

1. 通过企业实践使学生所学的理论知识得以巩固和应用

企业实践在高等职业教育中扮演着举足轻重的角色,它不仅是学生接触职场、了解社会的窗口,更是将所学理论知识与实际工作相结合,从而加深理解、巩固记忆并拓展应用的重要途径。在这个过程中,学生有机会身临其境地体验职业环境,感受企业文化,参与实际工作,将抽象的理论知识转化为具体的操作技能和解决问题的能力。

高等职业教育培养目标是培养适应生产、建设、管理、服务第一线需要的高等技术应用型人才。这类人才不仅需要掌握扎实的专业理论知识,还需要具备将这些知识应用于实际工作的能力。而企业实践正是实现这一目标的关键环节。通过企业实践,学生可以将在课堂上学到的理论知识应用到实际工作中,检验理论的正确性和实用性,发现理论知识的不足之处,从而及时补充和完善。在企业实践中,学生能够接触到各种各样的实际问题,这些问题往往比课堂上的案例更加复杂、更加多变。面对这些问题,学生需要运用所学的理论知识进行分析、判断和解决。在这个过程中,学生不仅可以锻炼自己的思维能力和实践能力,还可以培养自己的创新能力和团队协作能力。这些能力对于学生未来的职业发展具有非常重要的意义。而且,企业实践还可以帮助学生更好地了解社会需求和职业发展趋势。通过与企业人员的交流和互动,学生可以了解社会对人才的需求标准、职业发展的前景和趋势等信息。这些信息对于学生制定自己的职业规划和发展方向具有重要的指导作用。除此之外,在企业实践中,学生需要遵守企业的规章制度、与同事沟通协作、完成工作任务等。这些过程不仅要求学生具备扎实的专业知识,还要求学生具备良好的职业素养和综合能力。

值得一提的是,企业实践对于提高学生的就业竞争力也具有显著的效果。在就业市场上,具备丰富实践经验的学生往往更受用人单位的青睐。因为这

些学生已经在实际工作中证明了自己的能力和价值,他们能够更快地适应工作环境、更好地完成工作任务。因此,通过企业实践,学生不仅可以提升自己的能力和素质,还可以增加自己的就业竞争力。当然,要确保企业实践的效果,需要学校、企业和学生三方的共同努力。学校应该积极与企业建立合作关系,为学生提供更多的实践机会;企业应该为学生提供良好的实践环境和条件,并指派有经验的员工指导学生;学生则应该珍惜实践机会,认真参与实践活动,不断提升自己的能力和素质。

2. 通过实际工作使学生在职业环境下岗位能力得到培养

不同于传统的课堂教学,实际工作情境下,学生能亲身体验到每个岗位的具体职能、工作流程以及所需的专业技能和综合素质,这种体验式学习不仅加深了他们对专业知识的理解,更锻炼了他们在实际问题解决中的应变能力和创新思维。而且,在真实的工作场景中,学生们能够把握并适应行业动态及发展趋势,这对于增强其岗位适应性至关重要。实践中,学生需直接参与项目运作,面对并处理各种突发状况,这无疑强化了他们的团队协作、沟通交流、项目管理等软实力,同时也促使他们紧跟行业发展步伐,不断提升自身技术硬实力。并且,通过实际工作,学生可以实现从学校到职场的无缝对接,有效缩短就业适应期。在实战中积累的经验和教训,远比课本上的理论知识更具指导意义,可以帮助学生在毕业后迅速进入角色,更好地履行岗位职责,发挥个人价值。

3. 通过实际的顶岗工作实践,使学生综合素质得到有效提高

在专业知识与技能层面,顶岗工作实践让学生有机会将课堂所学理论知识与具体岗位的实际操作相结合,有效实现了"学中做、做中学"的教学理念。通过对真实工作任务的完成,学生能够深入了解专业领域内的前沿技术和行业规范,提高自身的职业技能水平,解决实际问题的能力得到锤炼和增强。而在企业工作中,学生需要与不同背景的同事共同合作,处理复杂的工作关系,这不仅有助于他们理解并适应职场规则,更能提升其沟通协调能力和团队精神,为未来职业生涯奠定坚实的基础。

在实际工作中,学生必须严格遵守企业的各项规章制度和职业道德规范,这促使他们在实践中形成良好的职业习惯和道德操守。而且,在面对工作挑战和压力时,学生的心理承受力、责任感以及解决问题的创新思维也会得到相应的锻炼和提升。不仅如此,顶岗工作实践还能帮助学生明确个人职业规划和发展方向。通过接触和体验不同的工作岗位,学生能更准确地了解自身的兴趣特长,进一步明晰个人职业定位,提前规划职业生涯,从而更加有针对性地提升自我,为未来就业或创业做好充分准备。

(二)校企角色上的互动性

1. 教学内容与市场需求的互动

学校作为教育机构,其首要任务是传授知识、培养人才。然而,在传统教育模式下,学校的教学内容往往与市场需求脱节,导致学生难以找到满意的工作,企业也难以招聘到合适的人才。因此,加强校企之间的互动性,实现教学内容与市场需求的对接,成为现代职业教育改革的重要方向。在这一方面,学校需要积极与企业建立联系,了解行业的发展趋势和市场需求,以此为基础调整和优化专业设置、课程体系和教学内容。同时,企业也应参与到学校的教学中来,通过提供实习实训机会、开设讲座、参与课程设计等方式,将最新的行业知识、技术标准和职业要求融入教学中,使教育更加贴近实际、贴近市场。而且,校企之间还可以共同开发教学资源,如编写教材、制作教学视频等,确保教学内容的前沿性和实用性。这种教学内容与市场需求的互动,不仅有助于提高学生的就业竞争力,也有助于提升企业的人才储备和创新能力。

2. 实践教学与岗位需求的互动

实践教学是职业教育的重要环节,对于提高学生的职业技能和职业素养具有重要作用。然而,在传统的实践教学模式下,学生往往只能在学校内部的实验室或模拟环境中进行实践,难以接触到真实的职业环境和岗位需求。因此,加强校企之间的互动性,实现实践教学与岗位需求的结合,成为提高实践教学效果的关键。在这一方面,学校需要积极与企业合作,共同建设实践教学基地,为学生提供真实的职业环境和岗位体验。同时,企业也应参与到学校的实践教学中来,通过派遣技术人员担任实践导师、提供实践项目等方式,帮助学生将所学理论知识应用到实际工作中去,提高解决实际问题的能力。并且,校企之间还可以共同制订实践教学计划和考核标准,确保实践教学的针对性和实效性。这种实践教学与岗位需求的互动,不仅有助于提高学生的职业技能和职业素养,也有助于缩短学生进入职场的适应期,提高企业的用人效率。

3. 科研合作与技术创新的互动

科研合作与技术创新是校企之间互动性的高级形式,也是推动产教融合、校企合作向更深层次发展的重要途径。在这一方面,学校和企业需要发挥各自的优势,共同开展科研合作和技术创新活动。学校作为科技创新的重要源头之一,拥有丰富的科研资源和创新能力。然而,由于缺乏市场导向和实际应用场景,学校的科研成果往往难以转化为实际生产力。因此,学校需要积极与企业合作,共同开展科研项目和技术研发活动,将科研成果转化为具有市场竞争力的产品和服务。而企业作为技术创新的主体,具有强烈的技术需求和市场导向。可是,由于缺乏科研资源和创新能力,企业在技术研发和产品升级方面往往面临诸多困难。因此,企业需要积极与学校合作,利用学校的科研资源和技术优势,解决自身在技术研发、产品升级等方面遇到的问题,提升企业的核心竞争力。并且,校企之间还可以共同建立科研平台和技术创新中心,为科研合作和技术创新提供有力支撑。这种科研合作与技术创新的互动,不仅有助于推动科技创新和产业升级的深度融合,也有助于提升学校的科研水平和企业的创新能力。

三、高等职业教育的职业教育属性及其与中等职业教育的区别

(一)市场选择是把握高等职业教育中职业教育属性的前提

1. 市场选择与职业定位

市场的选择,从根本上来讲,是对于职业和技能的选择。在高度市场化的经济体系中,资源的配置、生产的方向乃至个人的发展都受到市场需求的无形引导。在这样的背景下,国家的教育政策特别是高等职业教育的设置,都不可避免地受到市场经济发展的深刻影响。高等职业教育作为教育体系中的一环,其存在的价值和发展的方向都紧密地与市场的人才需求相连。而随着产业结构的升级、技术创新的加速以及社会分工的细化,市场对于具备专业技能和实际操作能力的人才需求日益旺盛。这种需求不仅体现在数量上,更体现在对人才质量的高要求上。高等职业教育正是为了满足这一需求而生,它旨在培养既有一定理论知识基础,又有较强实践操作能力的高素质技术技能人才。

社会大市场的需求是多元化的,它涵盖了从制造业到服务业,从传统产业到新兴产业的各个领域。高等职业教育的职业需求方向也随之而变,不断调整和优化专业设置,以适应市场的快速变化。这种灵活性和适应性是高等职

业教育的一大特点,也是其能够在激烈的市场竞争中立于不败之地的重要原因。

2. 高等职业教育与企业需求的契合

高等职业教育之所以可能成为企业的需求热点,其根本原因在于高职学生所具备的独特优势。与传统的高等教育模式相比,高等职业教育更加注重实践能力的培养。这种教育模式下的学生,不仅掌握了必要的理论知识,还通过大量的实训和实习,具备了较强的动手能力。这种能力对于企业而言,意味着更短的适应期、更高的工作效率和更低的培训成本。与此同时,高等职业教育还注重培养学生的综合职业能力。这包括但不限于团队协作、沟通能力、解决问题能力等非技术性能力。这些能力在当今的工作环境中越来越受到重视,因为它们直接影响一个人能否在工作中取得成功。与中专生和职高生相比,高职学生在这方面通常表现得更为出色,这也是他们受到企业青睐的一个重要原因。并且,高等职业教育还与企业之间建立了紧密的合作关系,通过校企合作、产教融合等方式,学校能够及时了解企业的需求和市场的变化,从而调整教学内容和培养方式。这种紧密的合作不仅增强了教育的针对性和实效性,也为企业提供了稳定的人才来源和技术支持。

(二)岗位适应性是高等职业教育中职业教育属性的基本内涵

1. 高等职业教育与岗位适应性的紧密联系

在现代社会中,人才的多样化需求日趋明显。学术型与工程型人才,通常通过普通高等教育的途径进行培养,他们侧重于理论研究和科技创新。而技术应用型和技能操作型人才,则是职业教育的重点培养对象,他们更加注重实践操作和具体应用。高等职业教育作为职业教育体系中的重要组成部分,其培养目标就是为社会提供具备高度专业性和实践能力的技术技能人才。

岗位适应性是高等职业教育中的核心要素,它要求教育内容与职业岗位的需求紧密对接,确保学生所学能够直接应用于未来的工作实践。这种适应性体现在专业的设置、课程的安排以及教学的方法等各个方面。高等职业教育需要根据市场和行业的变化,灵活调整专业设置和课程内容,确保教育教学的时效性和实用性。为了实现岗位适应性,高等职业教育必须建立以岗位能力为导向的课程体系。这意味着课程的设置要围绕职业岗位所需的知识、技能和素养进行。通过这种有针对性的教学,学生可以更加高效地掌握未来工作所需的能力和素质,从而顺利适应职业岗位的要求。

2. 岗位适应性教学与职业资格证书制度的结合

岗位适应性教学不仅要求教育内容与职业岗位的需求对接,还要求学生能够获得相应的职业资格证书。职业资格证书是证明个人具备从事某种职业所需的基本知识和技能的重要凭证。在我国,职业资格证书制度已经得到了广泛的认可和应用。对于高等职业教育而言,将岗位适应性教学与职业资格证书制度结合起来,是一种必然的选择。一方面,职业资格证书可以为学生的就业提供有力的支持。在竞争激烈的就业市场中,拥有职业资格证书的毕业生往往更容易获得用人单位的青睐。另一方面,职业资格证书也可以作为衡量高等职业教育质量的重要标准。通过对比学生的职业资格证书获取情况,可以更加客观地评价高等职业教育的教学效果和人才培养质量。

为了实现岗位适应性教学与职业资格证书制度的有机结合,高等职业教育需要在教学内容、教学方法和考试评价等方面进行相应的改革和创新。例如,可以将职业资格证书的考试内容和标准融入日常教学中,让学生在学习的过程中就能够了解和掌握未来考试所需的知识和技能。同时,还可以加强与职业资格证书颁发机构的合作,共同开发教学资源、设计教学方案、组织考试评价等,确保教学与考证的顺畅对接。

3. 岗位适应性培训在高等职业教育中的基础地位

岗位适应性培训是高等职业教育中的重要环节,它旨在通过有针对性的务实教学,培养学生的专业能力和职业能力,为他们未来的职业发展打下坚实的基础。这种培训不仅关注学生的知识掌握情况,还注重学生的实践操作能力、团队协作能力、创新能力等非技术性能力的培养。这也是它与普通高等教育的重要区别之一。普通高等教育更加注重理论知识和研究能力的培养,而高等职业教育则更加注重实践操作和应用能力的培养。岗位适应性培训正是这种实践性和应用性的集中体现。而且,在现代社会中,职业岗位的要求越来越高,只有具备了足够的专业能力和职业能力,才能够在激烈的竞争中脱颖而出。并且,通过务实的教学和严格的培训,可以确保学生具备从事某种职业所需的基本素质和能力,从而提高他们的就业竞争力和职业发展潜力。

（三）教师教学质量综合评价

1. 检测教学效果

教师教学质量综合评价是一种全面、深入且系统的动态评判过程，它旨在通过对教师教学活动的多维考察，科学、客观地反映教师的教学水平和教学效果。这一评价过程不仅关注教师的教学内容、方法和手段，还注重学生的学习效果、态度和兴趣，从而实现对教学质量进行全面而准确的评估。

在教学质量综合评价中，问卷调查、指标评分、推门听课等方式被广泛应用，以收集关于教师教学各个侧面的信息。问卷调查是一种常用的评价方式，通过向学生、同行或教师本人发放问卷，收集他们对教学过程中的各个方面的意见和建议。这种方式可以覆盖较大的样本范围，获取较为全面的信息，但需要注意问卷设计的科学性和客观性。指标评分则是根据一定的评价标准，对教师的教学活动进行量化评分。这种方式具有客观性和可操作性强的特点，但需要制定合理的评价指标和标准，以确保评分的准确性和公正性。推门听课则是一种直接深入课堂的评价方式，通过旁听教师的实际教学过程，观察教师的教学表现、学生的反应和课堂氛围等，以获取第一手的教学信息。而收集到相关信息后，需要根据一定的评价标准对这些信息进行科学客观的分析处理，这就要求评价标准具有全面性、科学性和可操作性，能够涵盖教学过程中的各个方面，如教学目标、教学内容、教学方法、教学手段、教学效果等。在分析处理信息时，需要采用定性和定量相结合的方法，既要关注数据的量化分析，也要注重质的描述和解释。这样才能全面、准确地反映教师的教学水平和教学效果。

教学质量综合评价的内容非常丰富，既包括对教师教学目标是否达到、教学任务是否完成的评估，也包括对教师的教学方法及水平的评价。教学目标是教学活动的出发点和归宿，是评价教学质量的重要依据。教学任务是否完成则是衡量教学效果的重要指标之一。教师的教学方法及水平直接影响着学生的学习效果和兴趣，因此也是教学质量综合评价的重要内容之一。除了对教师的教学内容和方法进行评价外，教学质量综合评价还要关注学生的学习态度、兴趣、方法等较难量化的内容。学生的学习态度和学习兴趣是反映教学质量的重要方面，也是教学过程中需要重点关注的因素。对于这些较难量化的内容，需要采用更加灵活多样的评价方式，如观察、访谈、案例分析等，以获取更加全面和深入的信息。而且,教学质量综合评价的结果不仅可以为教师提供反馈和建议,帮助他们改进教学方法和手段,提高教学效果和质量,还可以为学校的教学管理和决策提供重要依据和参考。因此,开展教学质量综合评价是提高教学质量、促进教师专业发展的重要途径之一。

2. 反馈教学问题

教师教学质量评价不仅仅是一个单向的评估过程,更重要的是,它构成了一个信息循环和反馈系统。这一系统不仅关乎评价的精确性和公正性,更在于如何将评价结果有效地转化为改进教学的动力和资源。因此,对教师教学质量进行评价后,如何迅速、准确地将这些信息反馈给相关部门和教师,就显得尤为重要。反馈是评价过程中不可或缺的环节,它搭建起评价与教学改进之间的桥梁。只有当教师及时、准确地接收到关于自己教学质量的反馈信息时,他们才能全面、深入地了解自己在教学过程中的优点和不足,进而有针对性地调整教学策略、改进教学方法。这种反馈不仅包括对学生知识掌握情况的评估,还涉及对学生学习态度、兴趣、方法等多方面的观察和分析,从而为教师提供了一幅更加完整、立体的教学图景。在这个反馈系统中,信息的传递应该是双向的。一方面,评价者需要将评价结果以明确、具体的方式反馈给教师,帮助他们了解自己的教学表现;另一方面,教师也需要有机会对评价结果进行解读和回应,提出自己的疑问和建议。这样的双向沟通有助于消除误解、增进理解,从而确保评价结果的准确性和有效性。

通过教学综合评价,教师可以了解到自己在教学内容、教学方法、课堂管理等方面的表现。他们可以清晰地看到自己在哪些方面做得很好,哪些方面还需要改进。例如,通过对学生作业和测试成绩的分析,教师可以了解学生对知识点的掌握情况,从而判断自己的教学效果如何。通过课堂观察和学生反馈,教师可以了解自己在教学方法和课堂管理方面的不足之处,进而思考如何改进以提高教学质量。并且,教学综合评价还可以帮助教师了解学生的学习需求和兴趣。通过与学生交流、观察学生的课堂表现等方式,教师可以更好地了解学生的学习动机和学习方式,从而调整自己的教学策略以满足学生的需求。这种以学生为中心的教学理念有助于激发学生的学习兴趣和积极性,提高教学效果。不仅如此,教学综合评价还可以促进教师之间的交流和合作。在评价过程中,教师可以相互学习、借鉴彼此的优点和经验。通过观摩同事的课堂教学、参与教学研讨会等方式,教师可以不断拓宽自己的教学视野,提高自己的教学水平和能力。

四、高等职业教育与普通高等教育的区别

高等职业院校与普通高等学校在培养目标、培养要求、专业设置、教学内容、师资要求和构成、办学形式以及社会联系等方面存在显著的区别,这些区别体现了两种不同类型高等教育机构各自的特点和优势。在培养目标方面,高等职业院校主要培养技术型人才,注重学生的实践能力和技术应用能力的培养;在培养要求上,高等职业院校强调理论知识的必需、够用原则,还非常重视学生实践能力的训练,而普通高等学校则更加偏重理论传授,强调知识的系统性和完整性;在专业设置方面,高等职业院校的专业设置通常按照职业岗位和职业群体来设置,更加贴近市场需求和职业需求,而普通高等学校则主要按照学科来设置专业,更加注重学科的完整性和系统性;在教学内容方面,高等职业院校以培养技术应用性能力和基本素质为主线,根据职业岗位群的职业能力要求来设置理论教学和实践教学,而普通高等学校则更加重视基础理论的教学,以专业学科所需理论为依据来设置教学内容;在师资要求和构成方面,高等职业院校要求建立"双师型"师资队伍,即教师不仅要具备较好的基础理论,也要有较强的实践动手能力,专、兼职教师队伍也是其特点之一,而普通高等学校则更加重视教师的学术水平和科研能力,要求教师具有扎实的基础理论;在办学形式方面,高等职业院校更加灵活、多样,紧贴市场需求进行办学,而普通高等学校则更加正规、稳定,注重学科的长远发展;在社会联系方面,高等职业院校与社会联系紧密,注重与企业和行业的合作与交流。而普通高等学校则相对独立性较强,更加注重学术研究和学科发展。见表1-1。

表1-1 高等职业教育和普通高等教育的特征比较

特征	高等职业院校	普通高等学校
培养目标	技术型人才(也可培养工程型、技能型人才)	学术型、工程型人才
培养要求	理论知识以必需、够用为度,强调实践能力的训练	偏重理论传授,强调知识的系统性

续表1-1

特征	高等职业院校	普通高等学校
专业设置	按职业岗位和职业群体设置	按学科设置
教学内容	以培养技术应用型能力和基本素质为主线,以适应职业岗位群的职业能力要求设置理论教学和实践教学	重视基础理论,以专业学科所需理论为依据
师资要求和构成	"双师型"师资队伍,教师具有较好的基础理论和较强实践动手能力,专、兼职教师队伍	重视学术水平和科研能力,教师具有扎实的基础理论
办学形式	灵活、多样、紧贴市场	正规、稳定
社会联系	与社会联系	相对独立性较强

第二节　高等职业教育的基本特征

一、培养目标特征

(一)人才培养类型

1.技术应用型人才的培养

技术应用型人才是高等职业教育的主要培养对象之一。这类人才具备扎实的专业理论知识和较强的实践操作能力,能够将所学知识和技能应用于实际工作中,解决生产、建设、管理、服务等领域中的实际问题。技术应用型人才的培养注重理论与实践的结合,强调知识的实用性和应用性。在教学过程中,不仅注重理论知识的传授,还注重实验、实训、课程设计等实践性教学环节,以培养学生的实践操作能力和创新能力。技术应用型人才的培养需要紧跟市场和行业的发展变化,不断更新教学内容和教学方法,确保学生所学知识和技能与市场需求相匹配。同时,还需要加强与企业的合作,了解企业的需求和用人标准,将企业的实际案例和项目引入教学中,提高学生的实际应用能力和解决问题的能力。

2. 高技能人才的培养

高技能人才是指在某一专业领域具备高超技能、精湛技艺和较强创新能力的人才。他们是推动技术创新和实现科技成果转化的重要力量。高等职业教育在高技能人才培养方面具有独特的优势和特色。在教学过程中，需要注重实践性教学环节的安排，加强技能训练和技艺传授，培养学生的实践操作能力和创新能力，还需要引入现代化的教学手段和方法，如虚拟仿真技术、3D 打印技术等，增强教学效果和学生的学习体验。而高技能人才的培养，还需要加强与企业和行业的合作，了解市场和行业的需求和发展趋势，将企业的实际需求和项目引入教学中，提高学生的实际应用能力和解决问题的能力。并且，还需要注重学生的职业素养和综合素质的培养，提高学生的综合竞争力和可持续发展能力。

3. 复合型人才的培养

复合型人才是指具备多个领域的知识和技能，能够在不同领域之间进行交叉融合和创新的人才。随着社会的不断发展和职业需求的不断变化，复合型人才的需求越来越迫切。高等职业教育在复合型人才培养方面也具有独特的优势和特色。在教学过程中，应注重多学科知识的融合和交叉，打破学科之间的壁垒，培养学生的跨学科思维和创新能力，还需要注重实践性教学环节的安排，提升学生的实践操作能力和解决问题的能力。并且，在开展教学过程中，应着重于注重学生的团队协作能力、沟通能力、创新能力等非技术性能力的培养，提高学生的综合竞争力和可持续发展能力。

（二）人才培养目标的特点

1. 人才层次的高级性

高等职业教育，作为我国教育体系中不可或缺的组成部分，其在高等教育领域内占据着举足轻重的地位。它是衔接基础教育与产业实践的关键桥梁，旨在培养具有深厚专业素养、扎实理论功底和高超技能水平的高素质应用型人才。这种教育模式充分体现了"以就业为导向，以能力为本位"的现代教育理念，注重理论知识与实际操作的深度融合。高职学生在接受高等职业教育的过程中，要具备与高等教育相匹配的基本知识架构，这包括但不限于自然科学基础知识、社会科学人文素养以及专业领域的核心理论知识，这些都是支撑他们进一步学习深造和解决实际问题的基础磐石。而且,在全球科技日新月异的发展背景下,高等职业教育紧跟时代步伐,注重前沿科技动态的引入和传授,确保学生能够及时吸收并掌握行业最新技术成果,从而提升他们在未来职业生涯中的竞争力。并且,高等职业教育尤为重视对学生实践动手能力和分析解决问题能力的培养。通过模拟实训、校企合作、顶岗实习等多种教学方式,让学生亲身体验实际工作环境,参与生产实践活动,使他们在实践中深化理论认知,提高发现问题、分析问题和解决问题的能力,真正实现学以致用。不仅如此,高等职业教育还致力于培养学生良好的职业道德和社会责任感,强调综合素质的全面提升。他们不仅要有过硬的专业技能,更应具备团队协作精神、创新思维、沟通交流能力和可持续发展意识,从而为国家经济社会建设贡献自己的一份力量。

2. 知识、能力的职业性

高等职业教育作为教育体系中的一大分支,承载着为社会输送具备高度职业素养和技术能力人才的重要使命。它不仅仅是一种教育形式,更是一种与职业岗位紧密结合,注重学生职业技能提升和职业发展需求的教育类型。高等职业教育所追求的,不仅仅是学生学术上的造诣,更重要的是学生在职业领域中能够迅速适应、熟练运用所学知识与技能,为社会经济发展做出直接贡献。

在高等职业教育中,教学计划的开发不是凭空而来,而是紧密围绕职业岗位群的实际需求进行。这意味着,教育机构需要深入市场、企业,对各类职业岗位进行详尽的调研和分析,了解这些岗位对人才的具体要求。在此基础上,结合教育规律和职业发展趋势,制订出既符合当前市场需求,又具有一定前瞻性的教学计划。而职业岗位群的职业能力分析,是高等职业教育教学计划制订的核心环节。这一过程中,教育机构会邀请行业专家、企业代表等共同参与,通过工作分析、任务分析等方法,明确每个职业岗位所需的关键技能和知识。这些技能和知识不仅包括专业领域内的基础理论和操作技巧,还涉及职业道德、职业素养等更为宽泛的内容。在明确了培养目标和人才规格后,高等职业教育就会围绕这些目标展开教学。在教学过程中,注重知识的实用性和应用性是关键。这意味着,教学内容需要紧跟产业结构和产品结构的调整步伐,不断更新和完善。同时,课程结构也需要根据职业岗位的变化进行灵活调整,确保所教所学与所用紧密相连。

随着科技的飞速发展和职业领域的不断融合,单一的专业知识已经难以满足复杂多变的职业需求。因此,高等职业教育注重培养学生跨学科、跨领域的知识整合能力,使他们能够在解决实际问题时,灵活运用所学知识,进行创新思维和团队合作。而在快速变化的职业环境中,能否迅速掌握并应用新技术,直接关系到个人的职业竞争力和发展前景。所以,高等职业教育在教学过程中,会引入最新的设备和技术,通过实践教学、项目实训等方式,培养学生在这方面的能力。正是其职业性知识、能力培养成果的体现。这些毕业生在进入职场后,往往能够迅速融入团队,承担起相应的工作职责,为企业的发展贡献自己的力量。而这种职业性的培养,也正是高等职业教育区别于其他教育类型的重要特征之一。

3. 人才类型的技术性

高等职业教育承载着为现代社会输送高素质技术人才的使命,其培养目标明确指向那些将活跃在生产、建设、管理以及服务最前沿的高等技术应用型人才。这类人才不仅要求掌握某一专业领域的基础理论和基本知识,更为关键的是,他们必须具备特定岗位群所必需的实际操作能力和组织协调能力。高等职业教育所追求的不是单纯的理论知识传授,而是更加注重实践技能的培养。在这样的教育理念下,学生们被鼓励将抽象的技术意图或复杂的工程图纸转化为具体可行的物质实体。这种转化能力不仅需要深厚的专业知识作为支撑,更需要灵活的创新思维和丰富的实践经验。因此,高等职业教育的学生在生产现场往往能够展现出卓越的技术指导和组织管理能力,成为解决生产实际问题的中坚力量。

随着信息技术的快速发展,高等职业教育培养的人才还必须具备良好的信息处理和交流能力。他们应能够熟练地收集、分析和处理各种信息,有效地运用信息技术来提升自己的工作效率和质量。同时,他们还需要具备跨学科的视野和协作精神,能够与生产、研发、销售等各个环节的同事进行有效的沟通和协作,共同推动企业的创新和发展。在生产技术的改进方面,高等职业教育培养的人才也发挥着不可替代的作用。他们不仅能够熟练操作各种生产设备,更能够通过对设备性能、生产工艺以及产品质量的深入研究,提出切实可行的改进方案。这种对技术的敏锐洞察力和对生产的深刻理解,使得他们成为推动企业技术进步和产业升级的重要力量。

二、教与学的过程特征

（一）教学指导思想

1. 注重实践与应用，强化职业技能培养

高等职业教育的教学指导思想首先体现在注重实践与应用，强化职业技能培养上。高等职业教育以培养技术应用型人才为主要目标，这就要求在教学过程中必须注重实践性和应用性。实践性是指教学内容要紧密联系实际，通过实验、实训、课程设计等实践性教学环节，让学生在实践中掌握知识和技能。应用性则是指教学内容要具有实用价值，能够满足职业岗位的需求。为了强化职业技能培养，高等职业教育需要构建以实践为导向的教学体系。这包括完善实践教学设施，建设实验室、实训基地等实践教学场所；加强与企业、行业的合作，开展校企合作、工学结合等教学模式；引入行业标准、职业资格认证等要求，使教学内容与职业标准相衔接。通过这些措施，可以让学生在实践中学习、在学习中实践，从而真正掌握职业技能。

2. 以学生为中心，关注个性发展

高等职业教育的教学指导思想还应体现在以学生为中心，关注个性发展上。学生是教学的主体，一切教学活动都应围绕学生进行。在高等职业教育中，学生的基础差异较大，学习需求和兴趣也各不相同。因此，教学必须关注学生的个体差异，尊重学生的个性发展。以学生为中心的教学指导思想要求教师在教学过程中关注学生的需求和兴趣，采用多样化的教学方法和手段，激发学生的学习兴趣和积极性。同时，教师还需要关注学生的学习过程和学习成果，及时给予反馈和指导，帮助学生解决学习中的困难和问题。并且，高等职业教育还应注重培养学生的自主学习能力和终身学习能力，让学生学会学习、乐于学习。

3. 紧跟时代步伐，不断更新教学内容和方法

随着科技的飞速发展和社会的不断进步，职业岗位对人才的要求也在不断变化。这就要求高等职业教育必须紧跟时代步伐，及时更新教学内容和方法，培养符合社会需求的高素质技术技能人才。还要加强与企业、行业的合作与交流，了解最新的技术发展和职业需求。并且，需要引入现代化的教学手段和方法,如信息技术、虚拟仿真技术等,增强教学效果和学生的学习体验。不仅如此,高等职业教育还应注重培养学生的创新精神和实践能力,鼓励学生进行创新性学习和实践性探索。

(二)课程内容

1. 强调基础性与实用性的结合

基础性是指课程内容要涵盖学生未来职业发展所需的基本知识和技能,为学生打下坚实的专业基础。实用性则是指课程内容要紧密联系实际,注重培养学生的实践能力和解决问题的能力。在高等职业教育中,基础性与实用性是相辅相成的。只有掌握了扎实的基础知识,学生才能够更好地理解和应用专业知识,提高自己的实践能力。而且,通过实践性强的课程内容,学生可以更好地将所学知识转化为实际能力,为未来的职业发展做好充分准备。这就需要高等职业教育课程内容注重理论与实践相结合。在理论方面,要精选经典的理论知识和前沿的科技成果,确保课程内容的先进性和时代性;在实践方面,要加强实验、实训、课程设计等实践性教学环节,让学生在实践中掌握知识和技能,提高解决问题的能力。

2. 突出职业性与综合性的融合

职业性是指课程内容要针对具体的职业岗位或职业群来设置,培养学生的职业素养和职业技能。综合性则是指课程内容要涵盖多个学科领域,注重培养学生的综合素质和跨学科能力。在高等职业教育中,职业性与综合性相互补充、相互促进、相互作用,通过职业性强的课程内容,学生可以更好地了解职业岗位的要求和标准,提高自己的职业素养和职业技能。而综合性的课程内容则可以帮助学生拓宽知识面,提高综合素质和跨学科能力,为未来的职业发展提供更多的可能性。对此,高等职业教育的课程内容应该注重模块化设计。每个模块都应该针对具体的职业岗位或职业群来设置,包含该职业所需的基本知识和技能。而且,不同模块之间还应该相互关联、相互支撑,形成一个完整的知识体系。这样既可以确保课程内容的职业性,又可以实现课程内容的综合性。

3. 注重创新性与拓展性的培养

创新性是指课程内容要激发学生的创新意识和创新精神,培养学生的创新能力而拓展性则是指课程内容要为学生提供广阔的发展空间,引导学生进行自主学习和终身学习。在高等职业教育中,创新性与拓展性相辅相成,通过创新性的课程内容,学生可以接触到新的思想、新的技术和新的方法,从而激发自己的创新意识和创新精神。而拓展性的课程内容则可以为学生提供更多的学习资源和学习机会,引导学生进行自主学习和终身学习,不断提高自己的综合素质和职业能力。为此,高等职业教育的课程内容应该注重开放性和动态性。开放性是指课程内容要面向社会、面向未来,积极吸收新的科技成果和行业经验。动态性则是指课程内容要随着时代的发展和职业需求的变化而不断更新和调整,不仅使课程内容更具有先进性和实用性,也可以为学生提供更多的学习资源和发展机会。

三、培养条件特征

(一)师资队伍

1. 全面的知识能力储备

高等职业教育以培养技术型人才为核心目标,这就要求教师必须具备全面的知识能力储备。这种全面性不仅体现在专业知识的深度和广度上,还体现在对相关专业领域的了解和掌握上。教师不仅要精通本专业的理论知识,还要熟悉相关专业的实践技能,能够将理论与实践相结合,指导学生进行有效的学习和实践。而随着科技的快速进步,新的技术、新的工艺、新的设备不断涌现,教师需要及时了解并掌握这些新技术、新工艺、新设备,以便将其融入教学中,确保教学内容的先进性和实用性。

2. 较高的专业技术应用实践能力

高等职业教育的目标是培养技术型人才,这就要求教师必须具备较高的专业技术应用实践能力。教师不仅要能够理解和掌握专业技术的理论知识,还要能够熟练掌握和运用专业技术的实践技能。只有这样,教师才能够有效地指导学生进行实践操作,帮助学生掌握一技之长。而为了提高教师的专业技术应用实践能力,高职院校应加强对教师的培训和实践锻炼。通过组织教师参加企业实践、技能竞赛、技术研发等活动,让教师深入了解企业的生产实际和技术需求,提高教师的实践技能水平。并且要鼓励教师积极参与科研项目和技术创新活动,提高教师的科研能力和创新能力。

3. 较强的社会活动能力和合作交际能力

高等职业教育与社会经济发展密切相关,这就要求教师必须具备较强的社会活动能力和合作交际能力。教师需要善于同社会的有关单位及人员交际和合作,了解社会对于人才的需求和标准,以便更好地调整教学内容和方法,培养出符合社会需求的技术型人才。而且,高职院校教师还需要积极参与各种社会活动和学术交流活动,拓宽自己的视野和知识面。通过与同行、专家、企业家的交流和合作,教师可以及时了解最新的教育理念、教学方法和技术发展动态,提高自己的教育教学水平和综合素质。

(二)设备

1. 现场特点

在高等职业教育中,学生的实习环节是极为关键的一部分。实习不仅仅是学生将所学理论知识应用于实践的过程,更是他们接触社会、了解职业环境、培养职业素养的重要途径。因此,实习场所的选择就显得尤为重要。理想的实习场所应该尽可能地与社会上实际的生产或服务场所保持一致,这样才能够让学生在实习过程中真正地体验到职业环境,了解职业要求,从而更好地为将来的就业做好准备。而校内实习场所往往只能模拟部分职业环境,而无法完全还原真实的职业场景。这样一来,学生在校内实习所获得的经验和技能,可能会与真实的职业要求存在一定的差距。这种差距可能会对学生的就业产生不利影响,使他们在进入职场后需要花费更多的时间和精力去适应和磨合。为了弥补校内实习场所的不足,必须充分重视校外实习基地的建设。校外实习基地是指学校与社会上的企业、机构等合作,为学生提供真实的职业环境进行实习的场所。通过校外实习,学生可以接触到真实的职业场景,了解职业要求和职业标准,从而更好地培养自己的职业素养和职业技能。

校外实习基地的建设需要学校、企业等多方面的共同努力。学校需要积极寻求与企业的合作,了解企业的需求和标准,为企业提供合适的人才培养方案。而企业需要认识到人才培养对于自身发展的重要性,积极参与校外实习基地的建设,为学生提供真实的职业环境和实习机会。

校外实习基地的建设对于高等职业教育的发展具有重要意义。一方面,它可以为学生提供更好的实习条件和实践机会,帮助学生更好地了解职业环境和职业要求,提高学生的职业素养和职业技能。另一方面,它可以促进学校与企业之间的合作和交流,推动高等职业教育与社会经济的紧密结合。通过这种结合,可以培养出更多符合社会需求的高素质技术技能人才,为我国的经济社会发展提供有力的人才保障。

2. 技术应用特点

技术型人才是当今社会经济发展不可或缺的重要力量,他们主要负责技术的应用和运作,将理论知识转化为实际的生产力。这就要求高等职业教育必须注重培养学生的技术应用能力,使他们能够熟练掌握各种技术工具和设备,将理论知识应用到实际工作中去。实习、实验设备作为培养学生技术应用能力的重要载体,其配置与使用就显得尤为重要。而且,实习、实验设备是高等职业教育中不可或缺的教学资源,它们是学生接触实际工作环境、了解工作流程、掌握操作技能的重要途径。通过实习、实验设备的操作与实践,学生可以将所学理论知识与实际操作相结合,提高自己的技术应用能力。并且,实习、实验设备还可以为学生提供模拟实际工作场景的机会,让他们在实践中学习如何分析、解决实际问题,培养自己的创新思维和解决问题的能力。

与传统的理论验证型实验不同,高等职业教育的实习、实验设备,更注重培养学生的技术应用能力与分析、解决实际问题的能力。这并不是说理论验证不重要,而是强调实习、实验设备的配置与使用应该更加贴近实际工作需求,更加注重培养学生的实际操作能力和创新思维。因此,高等职业教育的实习、实验设备需要不断更新换代,跟上科技发展的步伐,确保学生能够接触到最新的技术工具和设备,了解最新的技术应用动态。

第三节　高等职业教育在经济社会中的地位和功能

一、高等职业教育在经济社会中的地位

(一)高等职业教育是我国高等教育中不可或缺的组成部分

1. 培养应用型人才,满足社会需求

高等职业教育以其实用性、职业性为特点,紧密对接市场需求,为社会培养了大批高素质的应用型人才。在当前经济结构转型升级的背景下,高等职

业教育的重要性愈发凸显。随着新兴产业和技术的快速发展,社会对高素质技术技能人才的需求日益旺盛。高等职业教育通过不断调整专业设置、更新教学内容、加强校企合作等方式,有效提升了人才培养的针对性和适应性,为经济社会发展提供了有力的人才支撑。

2.促进教育公平,拓宽发展道路

高等职业教育为广大青少年提供了多样化的教育选择,有力促进了教育公平。在我国,高等教育资源相对有限,而高等职业教育以其独特的定位和灵活的办学模式,为更多学生提供了接受高等教育的机会。并且,高等职业教育还为学生提供了多元化的职业发展道路。通过高职教育,学生不仅可以获得一技之长,还可以进一步提升自身的综合素质和职业能力,为未来的职业发展奠定坚实基础。这种教育模式有效打破了传统"唯学历论"的束缚,让更多人有机会通过自身努力实现人生价值。

3.推动产教融合,服务区域发展

高等职业教育注重产教融合、校企合作,通过与行业企业的紧密合作,实现了教育资源与产业需求的有机结合。这种合作模式不仅提升了高职教育的办学水平和人才培养质量,还有效促进了区域经济的发展。在产教融合的过程中,高等职业教育积极对接地方主导产业和特色产业,为区域经济发展提供了有力的人才保障和技术支持。同时,高职教育还通过科技成果转化、社会服务等方式,为地方经济发展注入了新的活力和动力。

(二)高等职业教育是实施科教兴国战略的重要途径

1.高等职业教育与科教兴国战略的紧密关联

高等职业教育作为教育体系的重要组成部分,承担着培养高素质技术技能人才的重要任务。这些人才不仅具备扎实的理论基础,还拥有丰富的实践经验和较强的动手能力,能够迅速适应工作岗位,为企业和社会创造实际价值。在实施科教兴国战略的过程中,高等职业教育发挥着举足轻重的作用。一方面,高职院校通过与企业、行业的紧密合作,共同开展技术研发和创新活动,推动科技成果的转化和应用。这种合作模式不仅提高了企业的竞争力,还促进了产业的升级和经济的增长。另一方面,高等职业教育注重培养学生的创新意识和创新能力,通过开设创新课程、举办创新竞赛等方式,激发学生的创新思维和创新精神。这些创新人才的培养为国家的科技创新提供了源源不断的人才支持。

2. 高等职业教育在推动经济社会发展中的重要作用

高职教育为经济社会发展提供了有力的人才保障。高职毕业生具备扎实的职业技能和良好的职业素养,能够迅速适应工作岗位,为经济社会的发展注入新的活力。而且,高职教育还通过校企合作、产教融合等模式,与地方企业建立了紧密的合作关系,为地方经济的发展提供了稳定的人才来源。并且,高等职业教育通过培养学生的创新意识和创新能力,推动了社会的科技进步和产业升级。高职毕业生在工作中能够灵活运用所学知识和技能,提出新的思路和方法,推动企业的技术创新和行业的进步。这种创新人才的培养为经济社会的持续发展提供了强大的动力。不仅如此,高等职业教育还通过其独特的教育模式和培养方式,促进了社会的公平和谐发展。高职教育的普及和发展有效促进了教育公平,缩小了城乡、区域之间的教育差距。同时,高职教育注重培养学生的职业素养和综合能力,帮助学生树立正确的职业观念和价值取向,促进了社会的和谐发展。

(三) 高等职业教育是提高全民族科学文化素质,加快实现高等教育大众化的有力保证

1. 高等职业教育为全民族科学文化素质的提升奠定了基础

高等职业教育注重培养学生的职业技能和职业素养,将理论知识与实践操作紧密结合,使学生在学习过程中不仅能够掌握扎实的专业知识,还能够提升实际操作能力。这种教育模式的实施,有效提高了学生的综合素质,为他们未来的职业发展奠定了坚实的基础。同时,高等职业教育还承担着普及科学文化知识的任务。通过开设通识教育课程、举办科普讲座等方式,高职院校将科学文化知识传播给广大学生,帮助他们拓宽视野,提高科学文化素养。这种普及教育的方式,对于提高全民族的科学文化素质具有积极的推动作用。

2. 高等职业教育加快了高等教育大众化的进程

高等教育大众化是指高等教育从精英教育阶段向大众化教育阶段过渡的过程,在这个过程中,高等职业教育发挥了重要的作用。尤其是高职教育的快速发展,为更多人提供了接受高等教育的机会。随着高职院校数量的增加和招生规模的扩大,越来越多的青少年有机会进入高职院校学习,从而实现自己的大学梦。而且,高等职业教育注重培养学生的职业技能和就业能力,使得毕业生能够更好地适应市场需求。这种与市场紧密对接的培养模式,使得高职教育成为高等教育大众化的重要推动力。通过培养大量具备职业技能和职业素养的人才,高等职业教育为经济社会的发展提供了有力的人才保障。

3. 高等职业教育促进了教育公平和社会进步

教育公平是社会公平的重要基础,而高等职业教育在推动教育公平方面发挥了积极的作用。尤其是高职教育的普及,使得更多人有机会接受高等教育,打破了地域、经济等因素对教育的限制,促进了教育资源的均衡分配。这种普及化的教育模式,使得更多人能够享受到优质的教育资源,提高了整个社会的教育水平。而且,高等职业教育注重培养学生的实践能力和创新精神,使得毕业生具备了更强的就业竞争力和创业能力。这种能力的培养不仅提高了学生的个人素质,还促进了社会的科技进步和产业升级。通过培养具备创新精神和实践能力的人才,高等职业教育为社会的持续发展提供了源源不断的动力。

二、高等职业教育在经济社会中的功能

(一)人才培养功能

1. 职业技能的传授与实践

高等职业教育的核心任务是为学生提供与市场需求紧密相关的职业技能培训。这些技能不仅包括传统的工匠技艺,还涉及现代工业、信息技术、医疗卫生等多个领域。通过系统的理论学习和实践操作,学生能够掌握一技之长,为将来的职业生涯打下坚实基础。在职业技能的传授过程中,高等职业教育注重理论与实践相结合。通过实验室操作、企业实习、项目实践等多种方式,学生能够将所学知识应用于实际工作中,从而加深对理论知识的理解,提升实践操作能力。这种培养模式使得高职毕业生在进入职场后能够迅速适应工作环境,成为企业不可或缺的技能型人才。

2. 创新精神的培育与激发

高等职业教育不仅注重技能的培养,还致力于激发学生的创新精神。在

知识经济时代,创新已成为推动社会发展的重要动力。在创新精神的培育过程中,高等职业教育强调批判性思维的培养,学生被鼓励对所学知识进行质疑、反思和超越,从而形成独立思考和解决问题的能力,这种培养模式使得高职毕业生在面对复杂多变的职场环境时,能够灵活应对各种挑战,成为具有创新精神的高素质人才。

3. 职业素养的塑造与提升

除了职业技能和创新精神,高等职业教育还注重培养学生的职业素养。职业素养是指一个人在职业活动中所表现出的道德、态度、行为习惯等综合素质。高等职业教育通过开设职业素养课程、举办职业规划讲座、组织企业参访等方式,帮助学生树立正确的职业观念,提升职业素养。在职业素养的塑造过程中,高等职业教育强调团队合作、沟通协调、自我管理等方面的能力培养。学生被鼓励参与各种团队项目和社会实践活动,从而学会与他人合作、有效沟通以及自我管理。这种培养模式使得高职毕业生在职场中能够更好地融入团队、发挥个人优势,成为具有高度职业素养的优秀人才。

(二)社会服务功能

1. 为区域经济发展提供人才支撑

高等职业教育与区域经济发展紧密相连,为地方产业提供了有力的人才保障。随着经济结构的转型升级和新兴产业的快速发展,高等职业教育通过调整专业设置、优化课程结构、加强实践教学等方式,紧密对接地方主导产业和特色产业的人才需求。而且,高等职业教育还通过校企合作、产教融合等模式,与地方企业建立了紧密的合作关系。这种合作模式不仅提高了人才培养的针对性和实效性,还为地方企业提供了稳定的人才来源。高职院校毕业生在企业的实际工作中,能够运用所学知识和技能解决实际问题,推动企业的技术创新和产业升级。

2. 推动社会技术进步和创新

高等职业教育作为技术技能型人才的培养基地,承担着推动社会技术进步和创新的重要使命。高职院校通过与科研机构、行业企业的合作,共同开展技术研发和创新活动,将最新的科技成果应用于实际生产和生活中,这种合作模式不仅提高了科技成果的转化率,还为社会带来了实实在在的经济效益和社会效益。并且,高等职业教育还注重培养学生的创新意识和创新能力。

(三)文化传承与创新功能

1. 高等职业教育与民族文化的传承

高等职业教育作为教育体系的重要组成部分,对于民族文化的传承具有义不容辞的责任。在高职院校中,通过开设民族文化课程、举办民族文化活动等方式,将民族文化的精髓传递给学生,使他们在学习过程中感受到民族文化的博大精深。具体而言,高职院校可以结合地方特色和民族传统,开设相关课程,如民族艺术、民族工艺、民族历史等,让学生在课堂上领略到民族文化的魅力。同时,通过举办民族文化展览、民族文化节等活动,为学生提供展示和交流的平台,进一步加深对民族文化的认识和了解。这种对民族文化的传承不仅有助于弘扬民族精神,还能增强学生的民族自豪感和认同感。

2. 高等职业教育与产业文化的对接与融合

高等职业教育与产业界有着密切的联系,这种联系不仅体现在人才培养上,还体现在产业文化的对接与融合上。高职院校通过与企业的合作,将产业文化引入校园,让学生在学习过程中提前感受到职业氛围,了解职业规范和职业道德。为了实现产业文化的对接与融合,高职院校可以与企业共同制定人才培养方案,将企业的用人标准和职业要求融入课程设置和教学内容中。同时,通过邀请企业人士进校园、组织学生到企业实习等方式,加强学校与企业之间的交流与合作。这种对接与融合不仅有助于提高学生的职业素养和综合能力,还能促进学校与企业的互利共赢。

3. 高等职业教育的创新功能

在高职院校中,通过培养学生的创新意识和创新能力,推动科技创新和成果转化,为社会的发展注入新的活力。这需要积极鼓励学生参与教师的科研项目,与企业合作开展技术创新活动,进一步拓宽学生的创新视野和实践能力。这种创新教育的实施不仅有助于提高学生的综合素质和就业竞争力,还能为社会的科技进步和产业升级提供有力的人才支持。除此之外,高等职业教育的创新功能还体现在对学校自身的改革与发展上。面对不断变化的市场需求和社会环境,高职院校需要不断创新教育理念、教育模式和教育方法,以适应时代的发展要求。通过深化教学改革、加强师资队伍建设、完善管理体系等方式,推动学校的内涵式发展和特色化建设,进一步提高学校的办学水平和社会影响力。

第二章 高职院校师资队伍建设的
意义及目标

第一节 高职院校师资队伍建设的目的和意义

一、高职院校教师的地位和作用

(一)社会、经济方面的作用

1.思想观念转变,为确立我国教师的地位和作用奠定了社会基础

在当前我国教育体系中,高等职业教育作为培养技术技能型人才的重要一环,其教师的思想观念转变深刻地影响并奠定了我国教师整体地位和作用的社会基础。高职院校教师不仅承担着传授专业技能的重任,更是引导学生形成正确价值观、塑造职业精神的关键角色。随着社会对高等职业教育功能认知的深化以及对技术技能型人才培养需求的增长,高职院校教师的思想观念转变显得尤为关键且具有深远意义。

在职业教育理念的革新上,高职院校教师逐渐从传统的知识灌输转向能力培养与素质提升相结合的教学模式,强调实践教学与理论教学并重,以适应经济社会发展对技术技能型人才的新要求。这种思想观念的转变,使得高职教师的角色定位更加符合时代发展趋势,从而提高了他们在社会公众心目中的专业地位,为确立教师在整个教育领域的作用提供了有力支持。而随着产教融合、校企合作等新型教育模式的推进,高职院校教师必须打破固有的教育边界,积极投身于产业一线,实现与企业的深度对接,这促使他们将行业标准、企业需求融入课程设计与教学实践中,大幅增强了教育教学的实效性和针对性。这一系列行动带来的成果既赢得了社会的广泛认可,也进一步巩固了高职教师在社会发展中的重要作用。并且,他们不再仅满足于课堂教学,而是主动参与社会服务、技术研发、文化传承等活动,成为推动地方经济发展、产业升级的重要力量。这种社会责任感和使命感的提升,无疑极大地增强了高职教师的社会影响力和地位认同。

2. 现行的制度措施,促进了教师发挥其作用

现行的制度措施在我国教育体系中扮演着至关重要的角色,它们在政策层面为教师充分发挥其专业作用提供了有力支持与保障,极大地促进了我国教师队伍的发展与壮大,并且对提升整体教育质量产生了深远影响。

在教师资格制度上,现行的制度措施确保了师资队伍专业化水平,通过这一系列严格规范的考核和管理机制,能够筛选出具备扎实学科知识、良好教育教学能力和高尚师德风范的优秀人才进入教师行业,从而保证了教师能够在各自的岗位上发挥关键作用,培养符合时代需求的人才。而在教师职务聘任和评价体系方面,国家逐步推行了以教学实绩、科研成果和社会服务等多维度综合评价教师业绩的新模式,摒弃了过去单一的论文导向评价标准,使广大教师得以将更多精力投入到教书育人、提高教学质量的实际工作中,进一步激发了他们的工作积极性和创新潜能,有利于充分发挥教师在人才培养中的核心作用。并且,通过落实义务教育教师平均工资收入水平不低于当地公务员平均工资收入水平的规定,以及加大对农村和边远地区教师的津贴补贴力度等政策措施,切实提高了教师的职业吸引力和稳定性,使得教师能够更加安心地投身教育事业,全身心地投入教育教学活动,发挥出他们在社会进步和个人发展过程中的重要作用。

针对教师职业发展,一系列在职培训、学术交流及职称晋升制度也为教师的成长搭建了广阔平台。通过持续的专业能力提升和终身学习机制,教师可以不断更新知识结构,优化教学方法,紧跟时代发展步伐,更好地满足现代教育改革的需求,从而实现自我价值的同时,也极大地提升了教育效能。

(二)教学、科研、育人、管理等方面的地位和作用

1. 在教学工作方面,充分发挥了教师的主导作用

高职院校教师在教学工作方面,充分发挥了教师的主导作用,这是高职教育质量提升的关键所在。他们不仅是知识的传授者,更是学生职业成长的引路人和实践能力的培育者。在高职教育的广阔天地里,教师们以专业的教学素养、丰富的实践经验和深厚的职业情感,为学生们铺设了一条通往职业技能巅峰的道路。在教学内容的选择上,他们紧跟行业发展趋势,将最新的职业技

术和理念融入课堂,确保学生学到的知识与市场需求无缝对接。在教学方法上,他们注重实践性和创新性,通过案例分析、项目驱动、情境教学等方式,激发学生的学习兴趣,培养学生的实际操作能力和问题解决能力。

在教学过程中,高职院校教师注重因材施教,关注学生的个性化发展。他们了解每个学生的学习基础、兴趣爱好和职业倾向,根据学生的不同特点制定个性化的教学方案。通过分组教学、合作学习等模式,鼓励学生之间的互动与交流,促进学生在共同学习中相互启发、共同进步。同时,教师们还注重培养学生的自主学习能力和终身学习习惯,引导他们学会学习、学会思考、学会创新。而在实践教学环节,高职院校教师更是发挥了不可替代的作用。他们利用校企合作、实训基地等资源,为学生提供了丰富的实践机会。通过亲身示范、现场指导等方式,帮助学生将理论知识转化为实际操作技能。同时,教师们还积极组织学生参加各类技能大赛、创新创业活动,让学生在实践中锻炼成长,提升职业素养和综合能力。并且,他们注重培养学生的职业道德、职业意识和职业行为习惯,通过言传身教、潜移默化等方式,引导学生树立正确的职业观念和价值取向。同时,教师们还关注学生的心理健康和职业发展规划,为学生提供心理咨询、就业指导等服务,帮助学生更好地适应社会环境、实现职业梦想。不仅如此,高职院校教师在教学工作方面的主导作用,还体现在他们对教育教学改革的积极推动上。他们勇于探索新的教育理念和教学模式,不断更新自己的知识结构和教学技能。通过参加培训、研修、学术交流等活动,不断提升自身的专业素养和教育教学水平。同时,教师们还积极参与课程建设、教材编写等工作,为高职教育教学质量的提升贡献自己的智慧和力量。

2. 在科研工作方面,积极地发挥了教师的聪明才智

在当前我国高等职业教育的发展历程中,高职院校教师在科研工作方面展现出了极强的积极性和创造性,他们充分利用自身的专业知识与实践经验,发挥聪明才智,为推动教育创新、服务产业升级和社会进步贡献了重要力量。

在技术研发与成果转化领域,高职院校教师凭借对专业技能的深厚理解和实践操作能力,积极投身于各类科研项目,针对行业需求进行关键技术攻关,破解了许多实际生产中的技术难题。他们的研究成果不仅丰富了理论知识体系,更在很大程度上促进了产业技术革新和产品升级,实现了科研成果向现实生产力的有效转化,为区域经济和产业发展提供了有力支撑。而在教育教学改革与课程建设层面,高职院校教师结合科研过程中的新理念、新技术,不断优化教学内容与方法,探索产教融合、工学结合的教学模式,努力培养适应市场需求的高素质技术技能型人才。他们在科研过程中积累的经验和取得的成果,得以融入日常教学中,使学生能够接触到最前沿的专业知识和技术动态,有效提升了教学质量与人才培养质量。并且,高职院校教师还通过科研活动积极参与社会服务,利用科研优势解决社区、企业面临的实际问题,从而进一步提升高职教育的社会影响力和服务功能。他们以科研项目为纽带,构建起学校与企业、社会之间的互动桥梁,推进了校企深度合作,也促使教师自身在科研实践中不断提升专业素养和创新能力。

科研工作的深入开展,也为高职教师的职业发展开辟了新的路径。教师们通过主持或参与各级各类科研项目,逐步积累学术成果,提高自身的学术地位和社会影响力,进而带动整个教师队伍整体素质的提升,形成良好的学术氛围和发展环境。

3. 在教书育人和参与学校管理工作方面,进一步发挥了教师的积极作用

在教书育人的核心任务上,高职院校教师以培养高素质技术技能型人才为目标,不断探索和实践教学改革。他们立足于专业特色,将理论知识与实践操作紧密结合,创新教学方法,注重培养学生的职业素养与创新能力。通过丰富多样的课程设计、严谨务实的教学态度以及对每一个学生个体发展的关注,高职教师有力地推动了教学质量提升,助力学生成长为适应社会需求的实用型人才,充分体现了他们在人才培养过程中的主导地位和不可替代的作用。而在参与学校管理工作方面,高职院校教师的角色正逐渐从单纯的教育教学扩展到学校的整体规划与决策层面。他们凭借深厚的学科背景和丰富的实践经验,积极参与专业建设、课程设置、教育评价等各项事务,提供宝贵的行业视角和实战经验,促进了学校教育与产业实际的深度融合。此外,部分教师还担任系部领导、教研室主任等职务,深度参与到学校行政管理和教育教学改革的各项决策中,以实际行动推动学校治理体系和治理能力现代化,使高职教育更加贴近社会经济发展需求。

在实践中,部分高职院校教师还主动肩负起学术引领、文化传承、社会服务等多元化的角色。他们以科研项目为依托,开展学术交流活动,推动学术繁荣;弘扬工匠精神,传承优秀职业文化,营造良好的校园文化氛围,并且利用自身专业优势,服务于地方经济和社会发展,提高高职教育的社会影响力。

二、高职院校师资队伍建设目标和意义

(一)高职院校师资队伍建设目标

1. 提升教育教学质量

高职院校师资队伍建设的核心目标是全面提升教育教学质量,这一目标的实现涵盖了教师个体素质的优化、团队结构的合理化以及教学模式的创新等多个层面。

在提升教师个体专业素养方面,高职院校师资队伍建设旨在培养一支兼具深厚理论基础与丰富实践经验的双师型队伍。教师不仅需要在各自专业领域保持学术前沿知识的更新迭代,掌握扎实的教学基本功,更应具备将理论知识转化为实践技能的能力,通过生动直观的教学方式传授给学生,使他们在学习过程中能够切实提高技术应用和创新能力。为此,高职院校需通过持续的专业培训、企业挂职锻炼、国内外学术交流等多种途径,不断拓宽和深化教师的专业视野及实践能力,以实现教学质量的根本性提升。而在构建合理的师资团队结构上,高职教育强调的是面向社会需求、对接产业发展的人才培养定位,因此,师资队伍必须具有行业背景的多元化和层次结构的科学化。这要求高职院校在引进和培育师资时,注重吸纳既有深厚理论功底又熟悉产业动态的复合型人才,同时鼓励和支持年轻教师快速成长,形成老中青结合、梯度有序的师资梯队。

在新的教育生态下,高职院校亟待打破传统的单向灌输式教学模式,转向以学生为中心、注重能力培养和个性化发展的新型教学范式。师资队伍应当积极投身于教学改革实践,探索如项目驱动、案例教学、线上线下混合式教学等多元化教学方法,激发学生主动学习的积极性和创造性,从而有效提高教学质量。

2. 推动高职院校长远发展

高职院校师资队伍建设的核心目标在于驱动高职教育的长远发展,这是构建高质量职业教育体系以及培养适应社会经济发展需求高素质技术技能人才的关键环节。师资队伍作为高职院校的中坚力量,其建设成效直接影响着教育教学质量、科研创新水平以及服务地方经济社会发展的能力。

教师的教学能力和专业素养直接决定了学生知识技能的掌握程度和创新

能力的培养效果。通过加强师资队伍建设,提高教师的专业理论水平和实践操作技能,倡导以学生为中心的教学理念,推动教学方法与手段的改革与创新,可以有效激发学生的学习兴趣,提升其解决实际问题的能力,从而全面提升教育教学质量和人才培养质量。而在科研创新层面,强有力的师资队伍是高职院校实现科研突破、产出高水平成果的重要支撑。教师们不仅承担着传授知识的任务,还应具备较强的科研能力,能够紧跟行业发展趋势,将科研成果融入教学实践中,形成教学与科研相互促进的良性循环。鼓励和支持教师开展应用型技术研发、产教融合项目等,有助于提高高职院校的社会影响力和技术服务水平,进一步推动区域产业转型升级和社会经济进步。

3.服务社会经济发展

在当前全球化、信息化快速发展的背景下,高等职业教育承担着为经济社会发展输送大批高素质技术技能人才的重要任务,而实现这一目标的关键就在于打造一支能够对接产业需求、引领技术创新、推动产教融合的高水平师资队伍。

高职院校应当以行业发展趋势为导向,着力培养和引进一批具有深厚理论素养与丰富实践经验的"双师型"教师,他们不仅能够在课堂上传授专业知识,还能在实训环节中指导学生掌握实际操作技能,使学生具备解决复杂生产问题的能力,从而有效缩短从学校到工作岗位的距离,助力产业升级和社会经济发展。而优质的高职院校教师应积极参与技术研发和成果转化,将最新科技成果融入教学过程,通过校企合作项目等方式,促进教育链、人才链与产业链、创新链的有效衔接,形成产学研深度融合的新局面。这不仅可以提升学校的整体科研实力和服务地方经济的能力,也能为学生提供更加贴近实际、更具前瞻性的学习内容,培养出更多适应新经济、新业态、新模式要求的创新型技术技能人才。并且,教师们应主动走出校园,依托自身的专业优势,投身于社会培训、科技咨询、文化传承等领域,为地方提供多元化的社会服务。同时,在政策解读、决策咨询等方面发挥积极作用,成为地方经济社会发展的智囊团,切实提高高职教育的社会贡献度和影响力。

(二)高职院校师资队伍建设的重要意义

1.师资队伍建设是提高我国高等职业教育质量的根本保证

师资队伍建设是提高我国高等职业教育质量的根本保证,也是发展我国高等职业教育事业基本建设的主要内容之一。在高等职业教育体系中,教师是最为核心和关键的力量,他们的专业素养、教育理念和教学方法直接影响着学生的成长和发展,也决定着高等职业教育的整体水平和质量。

随着社会的不断进步和发展,我国高等职业教育面临着新的机遇和挑战。一方面,社会对高素质技术技能人才的需求日益旺盛,对高等职业教育的期望和要求也越来越高;另一方面,高等职业教育在发展过程中也暴露出一些问题,如师资力量不足、教师队伍结构不合理、教师教育教学能力和科研能力不强等。这些问题严重制约了高等职业教育的健康发展,也影响了其服务经济社会发展的能力。因此,加强师资队伍建设显得尤为重要和紧迫。通过加强师资队伍建设,可以优化教师队伍结构,提高教师的专业素养和教育教学能力,培养一支数量充足、结构合理、素质优良的教师队伍。这样的教师队伍不仅能够为学生提供优质的教育教学服务,还能够为学生的全面发展提供有力的支持和保障。而且,加强师资队伍建设也是提升高等职业教育整体水平和质量的重要途径。高水平的教师队伍可以吸引更多的优秀学生报考高职院校,提高学校的生源质量和社会声誉;高质量的教育教学服务可以培养出更多高素质技术技能人才,为社会经济发展提供强有力的人才支撑;高水平的科研成果可以推动科技创新和产业升级,为经济社会发展注入新的活力和动力。

加强师资队伍建设还有助于推动高等职业教育与经济社会发展的紧密结合。通过与企业合作开展教师培训、科研项目等方式,可以让教师更加深入地了解市场需求和行业发展趋势,从而调整教学内容和教学方法,使之更加符合市场需求和学生实际需要。这种紧密的结合不仅可以提高高等职业教育的针对性和实效性,还可以促进学校与企业的互利共赢和协同发展。

2. 师资队伍建设是发展我国社会经济和加速经济建设的基础

师资队伍建设对于我国社会经济的持续发展和经济建设步伐的加快具有基石性作用,是实现中华民族伟大复兴的希望之源。师资力量的强弱直接影响国家教育事业的质量与成效,进而关联到人才储备、科技创新以及社会各领域的长远发展。

教师作为知识的传播者与人才培养的引导者,他们的专业素养、教学能力和道德品质对学生的全面发展起着决定性影响。一支具备深厚学识底蕴、先进教育理念和高尚师德风范的师资队伍,能够以高质量的教学活动激发学生的学习潜能,提升其综合素质,从而源源不断地为我国的社会经济发展输送大批符合时代需求、具有创新精神和实践能力的专业人才。而教师不仅在课堂上传授知识,更是科学研究的重要参与者和推动者。他们在各自领域开展深入研究,不断拓展学术边界,引领科技潮流,助力我国科技进步与产业升级。尤其在当前全球化竞争激烈的背景下,拥有一支具备国际视野和创新能力的高水平师资队伍,对于我国在关键技术领域取得突破,实现从"跟跑"到"并跑"乃至"领跑"的跨越至关重要。

师资队伍建设对于弘扬社会主义核心价值观、传承优秀文化同样举足轻重。优秀的教师不仅是知识的传授者,更是社会风尚的塑造者和民族文化的传承者。他们通过言传身教,将爱国情怀、社会责任感以及中华优秀传统文化的精神内涵融入教育教学中,有力地促进了全社会共同价值观念的形成与弘扬,也为中华民族文化的繁荣发展提供了强大支撑。

3. 师资队伍建设是我国高等职业教育改革和发展的基石

师资队伍建设在高职院校整体发展规划中占据着至关重要的地位,是其师资队伍管理的核心要素,并且是我国高等职业教育改革与发展进程中的战略要务和根本大计。高职教育作为我国高等教育体系的重要组成部分,其发展水平与成效在很大程度上取决于师资队伍的素质与结构。

教师不仅承担着传授专业知识、培养技能人才的基本职责,更是学生职业技能形成和职业素养塑造的关键引导者。因此,高职院校需要通过系统性、持续性的师资培训,提升教师的专业理论水平和实践教学能力,鼓励教师深入行业企业进行实践锻炼,强化"双师型"教师队伍建设,使教师能够精准对接产业需求,实现教育教学内容与社会经济发展实际的高度契合。并且,师资队伍的科研创新能力,对推动高职教育内涵式发展及服务区域经济社会进步具有深远影响。教师应积极投身于科学研究和技术研发,将最新的科技成果融入教学实践中,以创新引领专业建设和课程改革,助力产教融合与校企合作深化。同时,高水平的科研成果,也能有效提升高职院校的社会影响力和服务地方经济的能力。在确保基础学科稳定发展的同时,高职院校应当根据产业发展趋势和市场需求,合理配置各学科专业的师资力量,构建起老中青相结合、学术带头人与青年骨干相支撑的人才梯队。此外,还需关注并解决性别比例、学历层次、学缘结构等方面的平衡问题,以促进师资队伍的整体活力和创新能力。

第二节　高职院校师资队伍建设和发展的历史过程

一、初步发展阶段(1949—1977 年)

(一)师资队伍的初步形成与基础建设

中华人民共和国成立初期,国家面临着恢复和发展经济的艰巨任务,对于技术技能人才的需求日益迫切。为了满足这一需求,高职院校开始逐步建立,并随之进行了师资队伍的初步建设。这一时期的师资队伍主要由两部分组成:一部分是原有的中等职业学校或技工学校的教师,他们通过进修、培训等方式提升了自己的教育教学能力;另一部分则是从工厂、企业等实际工作部门调入的具有丰富实践经验的工程技术人员,他们为高职院校带来了宝贵的实践经验和行业知识。在这一阶段,高职院校师资队伍的建设面临着诸多困难,如教师数量不足、教学水平参差不齐、缺乏系统的培训体系等。为了克服这些困难,国家和地方政府采取了一系列措施,如加大师资培养力度、建立教师培训体系、提高教师待遇等,从而逐步改善了高职院校师资队伍的状况。

(二)师资队伍建设的政策引导与制度保障

在初步发展阶段,国家和地方政府对高职院校师资队伍建设给予了高度重视,并制定了一系列相关政策进行引导。例如,1952 年颁布的《关于整顿和发展中等技术教育的指示》中明确提出要加强中等技术学校师资队伍的建设,提高教师的教学水平和业务能力。这些政策为高职院校师资队伍建设提供了有力的制度保障。而且,这一阶段还建立了一系列与师资队伍建设相关的制度,如教师职称制度、教师培训制度等。这些制度的建立为高职院校师资队伍的规范化管理奠定了基础,也为教师的职业发展提供了明确的路径和方向。

(三)师资队伍建设的实践探索与经验积累

在初步发展阶段,高职院校师资队伍建设在实践中不断探索和前进。大力支持与鼓励教师开展科研活动,提升教师的科研能力和学术水平。这些实践探索为高职院校师资队伍的后续发展积累了宝贵的经验。同时,这一阶段的高职院校也注重与企业、行业的合作与交流。通过与企业、行业的紧密合作，高职院校不仅提高了师资队伍的实践能力和职业素养，还为学生的实习就业和职业发展提供了广阔的平台和机会。这种合作模式也为后来高职教育的产教融合、校企合作等教学模式的创新提供了启示和借鉴。

二、蓬勃兴起阶段(1978—1990年)

(一)经济建设和社会发展对专科层次人才的迫切需求

1. 专科层次人才需求的迫切性与多元化

随着改革开放的不断深入，各行各业对专科层次人才的需求呈现出前所未有的迫切态势。这种迫切性主要体现在产业结构的调整和升级，新兴行业和领域不断涌现，对专科层次人才的需求量大幅增加，还有就是随着科技的快速发展和应用，对专科层次人才的技能要求也越来越高，并且随着国际化的推进，对具有国际化视野和跨文化交流能力的专科层次人才的需求也日益迫切。同时，专科层次人才的需求也呈现出多元化的特点。不同行业、不同领域对专科层次人才的技能要求、知识结构、综合素质等方面都有不同的要求。例如，制造业需要大量掌握现代制造技术、具有创新精神和实践能力的技术人才；服务业则需要具有良好职业素养、沟通能力和服务意识的服务型人才。这就要求高职院校在师资队伍建设上要注重教师的专业背景、实践经验和教学能力的多元化，以满足不同行业、不同领域对专科层次人才的多元化需求。

2. 高职院校师资队伍建设的挑战与机遇

在蓬勃兴起阶段，专科层次人才的迫切需求给高职院校师资队伍建设带来了巨大的挑战和机遇。着重于体现在教师数量不足方面，难以满足大量增加的学生需求，还有就是教师结构不合理，缺乏具有行业背景和实践经验的教师，并且教师教学水平和科研能力有待提高，难以满足高质量的教育教学需求。这一时期，国家对高职教育给予了前所未有的重视和支持，为高职院校师资队伍建设提供了有力的资金支持。而且，随着经济社会的发展，高职院校与企业、行业的合作也日益紧密，为高职院校师资队伍建设提供了广阔的平台和机会。高职院校可以充分利用这些机遇，加强师资队伍建设，提高教师的专业素养和教学能力，培养更多符合社会需求的专科层次人才。

3. 高职院校师资队伍建设路径

面对专科层次人才的迫切需求和高职院校师资队伍建设的挑战与机遇，高职院校采取了一系列有效的策略和实践，加大了对优秀教师的引进力度，通过提高教师待遇、优化工作环境等措施吸引更多优秀人才加入高职教育中来。并且，高职院校还加强了与企业和行业的合作与交流，通过校企合作、产学研结合等模式提升教师的实践能力和职业素养。在具体实践上，高职院校也积极探索和创新师资队伍建设的方式方法。例如，一些高职院校通过与企业合作建立实训基地、共同开发课程资源等方式提高教师的实践教学能力；一些高职院校则通过国际交流与合作项目引进国外先进的教学理念和方法，提高教师的国际化视野和跨文化交流能力。这些实践探索不仅有效地提升了高职院校师资队伍的整体素质，也为专科层次人才的培养提供了有力的保障和支持。

(二)高等教育改革的自身压力

1. 教育体制与教学模式的滞后性

在蓬勃兴起阶段，我国经济社会发生了翻天覆地的变化，而高等教育体制和教学模式却相对滞后，难以适应新的社会需求。这一时期的高等教育仍然沿袭着计划经济时期的模式和体制，注重知识的传授和理论的学习，而相对忽视实践能力和创新精神的培养。这种教育体制和教学模式的滞后性导致高校培养出的人才与社会需求之间存在较大的脱节，难以满足经济社会发展的实际需要。为了改变这种状况，高等教育改革势在必行。然而，改革的过程并非一帆风顺的，而是面临着来自多方面的阻力和压力。其中，高校内部的惯性思维、传统观念和利益格局等因素是阻碍改革的重要因素。

2. 师资队伍与科研能力的不足

在蓬勃兴起阶段，高等教育规模的快速扩张对高校的师资队伍和科研能力提出了更高的要求。然而，由于客观条件的局限性，部分高校存在师资队伍数量不足、结构不合理、整体素质不足等现象。而且，科研能力也相对较弱，难以满足高质量的教育教学和科研需求。师资队伍和科研能力的不足不仅影响了高等教育的教学质量和科研水平，也制约了高校的可持续发展。为了改变这种状况，高校需要采取切实有效的措施加强师资队伍建设，提高教师的专业素养和教学能力。并且，也需要加强科研投入和管理，提高科研水平和创新能力。然而,这些改革措施的实施需要投入大量的人力、物力和财力,对高校来说无疑是一种巨大的压力。

3. 管理体制与运行机制的不完善

在蓬勃兴起阶段,我国高等教育管理体制和运行机制也存在诸多不完善之处。这一时期的高等教育管理体制仍然沿袭着计划经济时期的模式,政府对高校的管理过于细致和具体,导致高校缺乏自主权和灵活性。同时,高校内部的运行机制也存在许多问题,如效率低下等。管理体制和运行机制的不完善不仅影响了高等教育的办学效率和管理水平,也制约了高校的创新和发展。对此,高等教育改革需要从管理体制和运行机制入手,建立符合时代要求的高等教育管理体制和运行机制。

三、稳定、改革阶段(1991—1999 年)

(一)职业大学在理论探索中取得了实质性进展

1. 全国高等职业技术教育研究会与《高等职业教育》杂志的引领作用

全国高等职业技术教育研究会作为我国高等职业教育领域的重要学术组织,一直以来致力于推动高职教育的改革与发展。研究会通过组织各类学术交流活动、发布研究报告和政策建议,为高职教育的理论创新和实践探索提供了有力支持。特别是在揭示高等职业教育"职业性"本质特征方面,研究会发挥了不可替代的作用。与此同时,《高等职业教育》杂志作为高职教育领域的重要学术期刊,也扮演了重要角色。该杂志通过发表大量高质量的学术论文和研究报告,不仅深化了对高职教育职业性特征的理解,还促进了高职教育理论与实践的结合。这些工作为构建与普通高等教育相互沟通的职业教育体系奠定了坚实基础。

2. 对高等职业教育"职业性"本质特征的深入解读

高等职业教育的"职业性"本质特征是其区别于其他教育类型的核心要素。这一特征主要体现在培养目标的职业定向性,即高职教育旨在培养适应特定职业岗位需求的高素质技术技能人才,还有就是课程内容的职业性,高职教育课程设置紧密围绕职业能力培养,注重理论与实践的结合,再者就是教学过程的实践性,高职教育强调通过实习实训等实践教学环节,提高学生的职业技能和职业素养。在深入解读"职业性"本质特征的过程中,全国高等职业技术教育研究会和《高等职业教育》杂志发挥了重要的推动作用。它们通过组织专题研讨、发表研究成果等方式,引导高职教育界深入思考和探讨高职教育的职业性特征及其实现途径,为高职教育的改革发展指明了方向。

3."三改一补"方针下高等职业教育的快速发展

1994 年全国教育工作会议提出的"三改一补"方针(即通过改革、改组、改制和补充的方式发展高等职业教育),为高职教育的快速发展提供了政策保障。在这一方针的指引下,我国通过调整教育资源、改办和合并等方式新建了92 所职业技术学院,显著扩大和提升高职教育的办学规模和服务能力。这些新建的职业技术学院不仅为更多学生提供了接受高等职业教育的机会,还通过与企业行业的紧密合作,推动了产教融合、校企合作等人才培养模式的创新。这些学院注重培养学生的职业技能和就业创业能力,为我国经济社会发展提供了有力的人才支撑。同时,它们的建立也促进了高职教育体系的完善和普通高等教育与职业教育之间的沟通与衔接。

(二)高等专科学校在教育教学改革实践中显示了实绩

1.教育教学理念的更新

在这一阶段,高等专科学校积极更新教育教学理念,注重培养学生的实践能力和创新精神。学校摒弃了传统的以知识灌输为主的教学模式,转而注重学生的主体性和实践性,大力推行启发式、讨论式、案例式等教学方法,激发学生的学习兴趣和主动性。同时,高等专科学校还加强了与企业和行业的合作,将课堂教学与实践教学相结合,让学生在实践中学习和掌握知识。学校还积极开展各种形式的社会实践活动,让学生在实践中了解社会、认识自我、提升能力。这种注重实践的教学理念和实践活动的开展,使得高等专科学校培养出的学生更加符合社会的需求,也具备了更高的创新和实践能力。

2.课程与教材建设的创新与突破

在稳定与改革阶段,高等专科学校在课程与教材建设方面也取得了创新与突破。学校根据社会的需求和学生的特点,对课程进行了全面的改革和调整。一方面,学校优化了课程结构,减少了理论课程的比重,增加了实践课程和选修课程的比重,使得课程更加符合学生的需求和兴趣。另一方面,学校还加强了课程内容的更新和拓展,注重引入新知识、新技术和新成果,使得课程内容更加贴近实际、更具前沿性。而且,高等专科学校还加强了教材建设,注重教材的实用性和创新性。学校鼓励教师自编教材,将最新的研究成果和教学经验融入教材中,使得教材更加符合学生的实际需求和学校的教学特色。这些创新和突破为高等专科学校的教学质量提升奠定了坚实的基础。

(三)成人高校在调整、改革中逐渐发展

1. 全国成人高校和普通高校函授教育、夜大学的合格评估

从 1996 年起,国家教委启动了对全国成人高校和普通高校举办的函授教育和夜大学的合格评估工作。这一举措旨在通过系统性的评估,确保成人高等教育的教学质量和管理水平达到一定的标准。评估内容包括教学条件、师资队伍、教学管理、教学效果等多个方面,旨在全面反映学校的办学实力和教学质量。通过合格评估,一方面,推动了成人高校和普通高校函授教育、夜大学的规范化建设,提高了教学质量和管理水平;另一方面,也提升了社会对成人高等教育的认可度,为成人高等教育的健康发展创造了良好的外部环境。

2. 成人高校明确"积极发展高等职业教育"的办学方向

在合格评估的推动下,成人高校进一步明确了"积极发展高等职业教育"的办学方向。这一方向的确立,既是对我国经济社会发展需求的积极回应,也是对成人高等教育自身发展规律的深刻认识。而高等职业教育作为高等教育的重要组成部分,以培养技术应用型人才为主要目标,注重实践能力和职业技能的培养。成人高校通过发展高等职业教育,不仅能够更好地满足社会对技术技能人才的需求,还能够拓宽学生的就业渠道,提高学生的就业竞争力。

3. 成人高校高等职业教育班的试办与发展

在明确了"积极发展高等职业教育"的办学方向后,成人高校开始积极试办高等职业教育班。1998 年,试办高等职业教育班的成人高校达到 383 所,开设专业 185 个,在校生达到 10 万人。这一数据的背后,反映了成人高校在高等职业教育领域的积极探索和实践。这些试办的高等职业教育班,不仅注重理论知识的传授,还强调实践技能的培养。通过校企合作、工学结合等方式,让学生在实践中学习、在学习中实践,从而提高了学生的职业技能和职业素养。同时,这些班级还注重与行业企业的对接,根据行业需求调整专业设置和

课程内容,使得培养出来的人才更加符合社会的需求。

(四)高职院校在教学改革中也取得了可喜的成果

1. 教学方法的改进

在这一阶段,高职院校积极更新教学理念,从传统的以知识传授为主转变为以能力培养为核心。这种转变体现在课程设置上,更加强调实践性和职业性,注重培养学生的职业技能和职业素养。而且,高职院校还积极引进和借鉴国外先进的教学理念和方法,如项目式教学、案例教学、情境教学等,以激发学生的学习兴趣和主动性,提高学生的实践能力和创新能力。

教学方法的改进也是这一阶段高职院校教学改革的重要成果之一。传统的灌输式教学方法被逐渐淘汰,取而代之的是启发式、讨论式、互动式等教学方法。这些方法注重学生的主体性和参与性,能够更好地调动学生的学习积极性和主动性,提高教学效果。此外,高职院校还加强了信息技术在教学中的应用,如多媒体教学、网络教学等,为教学方法的改进提供了有力的技术支持。

2. 教学质量的提升与人才培养模式的创新

在稳定与改革阶段,高职院校注重教学质量的提升。通过加强教学管理、完善教学评价体系、提高教师素质等措施,确保教学质量达到一定的标准。同时,高职院校还加强了与企业和行业的合作,开展校企合作、工学结合等人才培养模式,让学生在实践中学习和掌握知识,提高职业技能和职业素养。这种人才培养模式的创新,使得高职院校培养出的学生更加符合社会的需求,也更具备了创新和实践能力。并且,高职院校还注重学生的全面发展和个性化培养。通过开设选修课程、举办文体活动、开展社会实践等方式,丰富学生的课余生活,提高学生的综合素质。同时,高职院校还根据学生的兴趣和特长,开展个性化培养,为学生的未来发展打下坚实的基础。

3. 师资队伍建设与教研成果的取得

在这一阶段,高职院校注重师资队伍建设,大力引进和培养高水平教师。通过提高教师待遇、优化工作环境等措施吸引更多优秀人才加入高职教育中来。同时,高职院校还加强了教师的在职培训和能力提升,组织教师参加各种培训、研讨会等活动,提高教师的教学水平和科研能力。这些举措为高职院校的教学改革提供了有力的人才保障。而在师资队伍建设的基础上,高职院校还取得了显著的教研成果。教师们积极开展教学研究和科研活动,探索新的教学方法和手段,将最新的教学理念和技术应用到课堂教学中。并且,高职院校还加强了与企业行业的合作与交流,将教研成果转化为实际应用,服务于社会和经济的发展。这些教研成果的取得不仅提升了高职院校的学术地位和社会影响力,也为我国的高等职业教育事业做出了积极的贡献。

四、三教统筹阶段(2000 年至今)

(一)基础教育的普及与巩固

进入 21 世纪,我国基础教育取得了历史性成就。随着"普九"目标的全面实现,义务教育得到了广泛普及。各级政府加大了对教育的投入,学校基础设施建设得到显著改善,师资队伍不断优化。同时,教育教学改革深入推进,素质教育理念深入人心。这些举措有力地促进了基础教育的均衡发展,为培养德智体美劳全面发展的社会主义建设者和接班人奠定了坚实基础。在基础教育普及的过程中,我国还注重提高教育质量。通过实施新课程改革、推广现代教育技术、加强教育科研等措施,不断提升教学水平。此外,还建立了完善的教育评价体系,对学校和教师进行科学评价,引导教育教学向更高质量发展。

(二)职业教育的快速发展

职业教育作为与经济社会发展联系最为紧密的教育类型,其重要性在"三教统筹"阶段得到了充分体现。这一时期,我国职业教育规模迅速扩大,专业设置更加符合市场需求。通过深化产教融合、校企合作等方式,职业教育与企业、行业的联系更加紧密,人才培养的针对性和实效性得到显著增强。而且,职业教育也注重内涵发展。通过加强师资队伍建设、完善实训基地建设、推进教育教学改革等措施,不断提高教学质量。此外,还积极开展国际合作与交流,引进国外先进的职业教育理念和经验,推动我国职业教育与国际接轨。

(三)成人教育的多元化发展

随着终身教育理念的深入人心,成人教育逐渐成为满足人们多样化学习需求、提升国民素质的重要途径。这一时期,成人教育形式日益多元化。除了传统的面授教育外,还发展了远程教育、在线教育等多种教育形式,为学习者提供了更加灵活便捷的学习方式。同时,成人教育内容也更加丰富多样,涵盖了职业技能培训、文化素质教育、休闲生活教育等多个领域,满足了不同群体的学习需求。而且,成人教育还注重与社区教育的融合发展。通过整合社区资源、开展社区教育活动等方式,将教育服务延伸到社区,为居民提供了更加便捷的教育服务。这种融合发展的模式不仅促进了成人教育与社区教育的共同发展,也推动了教育公平与普及。

第三节　高职院校师资队伍建设和发展目标

一、改进和完善师资队伍建设和管理工作

(一)优化管理工作,主动适应我国高等教育加快改革和积极发展的需要

1. 构建科学高效的管理体系

高校作为高等教育的实施主体,其管理体系的完善与否直接关系着教育质量和办学效益。因此,优化管理工作的首要任务是构建科学高效的管理体系。对此,高校应建立清晰的管理层级和职责分工,确保各项工作有人负责、有章可循。同时,要赋予各级管理人员相应的权力和资源,使其能够有效地履行职责,推动工作的顺利开展。而且,高校应对各项管理流程进行全面梳理和分析,去除烦琐无用的环节,简化程序,提高工作效率。同时,要推行信息化管理,利用现代信息技术手段提高管理流程的自动化和智能化水平,减少人为干预和错误。并且,高校应建立健全各项规章制度,为管理工作提供有力的制度保障。制度应具有可操作性、可检查性和可考核性,确保各项管理工作有章可循、有据可查。同时,要注重制度的宣传和落实,增强师生员工的制度意识和执行力。

2. 创新管理理念和方式

在新时代背景下,传统的管理理念和方式已经难以适应高等教育改革发展的需要。因此,高校必须创新管理理念和方式,推动管理工作的转型升级。一方面,要树立以人为本的管理理念。高校管理工作应以学生为中心、以教师为主体,充分尊重师生员工的个性和需求,为其提供良好的学习、工作和生活

环境。并且,还要关注师生员工的成长和发展,为其提供更多的发展机会和平台。另一方面,要推行精细化管理。高校应摒弃粗放式的管理方式,注重细节和过程管理,提高管理精度和效果。例如,在教学管理方面,可以推行课程思政、小班化教学等改革措施,提高教学质量和效果;在学生管理方面,可以建立学生成长档案、开展个性化辅导等举措,关注学生的全面发展和个性化需求。而且,还要强化服务意识。高校管理工作应始终围绕服务师生员工展开,不断提高服务质量和水平。例如,在行政管理方面,可以优化办事流程、提高办事效率;在后勤管理方面,可以加强基础设施建设、改善师生员工的工作和生活条件等。

3. 加强管理队伍建设

管理队伍是高校管理工作的核心力量,其素质和能力直接影响管理效果和服务水平。因此,加强管理队伍建设是优化管理工作的关键环节。对此,高校应建立公开、公平、公正的选拔机制,选拔具有优秀品质、丰富经验和较强能力的管理人员担任重要职务。并且要注重管理人员的培训和发展,为其提供更多的学习机会和发展空间。而且,高校应建立科学合理的考核指标体系,对管理人员进行全面、客观、公正的考核。不仅如此,要实行奖惩分明的激励机制,对表现优秀的管理人员给予表彰和奖励,对表现不佳的管理人员进行约谈和惩戒。最重要的是高校应倡导团结协作、勤奋进取的管理文化,营造积极向上、和谐共处的管理氛围。同时,要注重管理人员的身心健康和人文关怀,为其提供良好的工作环境和生活条件。

(二)改善环境条件,主动适应我国高职院校教育改革的需要

1. 优化校园硬件设施

校园硬件设施是高职院校教育环境的基础,其完善程度直接影响着师生的学习、生活和工作。高职院校应根据学科专业和课程需求,合理配置教学资源,确保每个专业都有相应的实验实训场所。还要定期对教学设施进行更新和维护,保持其良好状态,满足教学需要。并且高职院校应重视学生的身心健康和全面发展,建设符合标准的运动场、体育馆等体育设施,为学生提供充足的锻炼空间。并且要建设图书馆、学生活动中心等文化设施,丰富学生的课余生活,提升学生的文化素养。不仅如此,高职院校应关注师生的生活需求,加强宿舍、食堂等生活设施的建设和管理。要提供舒适、安全的住宿环境,确保

师生有良好的休息空间。同时,要加强食堂的卫生管理和菜品质量监控,为师生提供健康、美味的饮食。

2.营造良好学习氛围

学习氛围是高职院校教育环境的重要组成部分,对学生的学习效果和成长发展具有重要影响。为了改善环境条件,高职院校应积极营造良好的学习氛围。这就要求高职院校积极倡导勤奋好学、严谨求实的学风,鼓励学生树立正确的学习观念和价值观。要加强课堂纪律管理,维护良好的教学秩序。而且,高职院校应搭建多种形式的交流平台,鼓励师生之间进行学术探讨、经验分享等互动活动。这样可以增进师生之间的了解和信任,激发学生的学习热情和创新能力。不仅如此,高职院校应根据学生的兴趣和需求,组织开展各类文化活动,如学术讲座、文艺比赛、社会实践等。这些活动可以丰富学生的课余生活,提高学生的综合素质和社会适应能力。

3.加强信息化建设

随着信息技术的快速发展和应用普及,信息化建设已成为高职院校教育改革的重要内容。为了改善环境条件,高职院校应加强信息化建设,提升教育现代化水平。对此,高职院校应建设高速、稳定、安全的校园网络,实现教学、科研、管理等各个领域的网络化。要提供便捷的上网服务,满足师生的学习和工作需求。而且,高职院校应加强数字化教学资源的开发和应用,建设在线课程、虚拟仿真实训等教学资源库。这些资源可以为学生提供更加灵活多样的学习方式,提高教学效果和质量。并且,高职院校应重视师生的信息素养培养,开设信息技术相关课程和培训项目,提高师生的信息技术应用能力和创新意识。同时,要鼓励师生积极参与信息化建设和应用实践,推动信息技术与教育教学的深度融合。

二、建设一支结构合理、业务精良、专兼职结合的师资队伍

(一)高等职业教育的基本特征分析

1.教育功能的综合性

高等职业教育,作为我国教育体系中的重要组成部分,其教育功能的综合性特征尤为显著。这一特性表现在多个维度,不仅涵盖了对专业技能的深度

培养,也包括了对综合素质、创新能力以及职业道德的全面提升。它紧密对接社会经济发展的需求,结合行业发展趋势和岗位实际要求,通过系统化、实践性强的教学模式,旨在培养学生掌握精湛的专业技能,使其能快速适应并胜任相关职业领域的工作。这种深度的职业技能培训体现了高等职业教育对于专业技能教育功能的突出体现。而除了专业知识与技能外,还强调跨学科知识的融合,通过团队协作、项目实践、创新创业等多元化教学手段,锻炼学生的批判性思维、沟通交流能力和问题解决能力,从而实现从单一技能型人才向复合型、应用型人才的转变。

在教学过程中,鼓励学生打破传统思维框架,激发创新潜能,引导他们在实践中发现问题、分析问题,并尝试以新颖独特的视角提出解决方案。这无疑是对国家创新驱动发展战略的积极响应,也是高等职业教育在培养学生创新能力方面的综合功能展现。并且,高等职业教育始终秉持立德树人的根本任务,强调对学生职业道德和社会责任感的培养。通过课程设置、校园文化熏陶以及社会实践等多种途径,将诚信敬业、服务社会的价值观深深植根于学生心中,促使他们在追求个人职业发展的同时,能够自觉承担社会责任,成为具有良好职业道德的社会公民。

2. 专业设置的职业性

在制定和更新专业目录时,充分调研各行业领域的最新技术动向、产业发展趋势以及岗位技能要求,确保开设的专业能够直接服务于地方经济和社会发展的实际需要。例如,针对新兴科技产业如人工智能、大数据分析等增设相应专业,或对传统行业进行技术升级以适应智能化、数字化转型,从而实现教育供给与产业需求的精准对接。而且,各类专业课程体系中,均会融入大量实训环节,通过模拟真实工作环境,使学生能够在"做中学",掌握本专业领域内的核心技术和操作技能,增强解决实际问题的能力。同时,不少高职院校还积极与企业合作共建实习基地,实施校企双元育人模式,让学生有机会在真实的职场环境中历练成长,提升其就业竞争力。并且在专业构建上,鼓励跨学科交叉,打破传统的学科界限,培养学生具备跨领域综合运用知识和技能的能力。例如,电子商务专业不仅涵盖商业管理知识,也会涉及网络营销、数据分析等多个领域,而新能源汽车技术专业则需整合电气工程、机械工程和材料科学等多学科知识。

3. 教学过程的实践性

高等职业教育实践性教学的独特之处,凸显在其对理论联系实际的深入理解和实施上。这种教育理念不仅仅停留在纸面或口头上,而是深深地融入每一个教学环节和课程内容中。高等职业教育清楚地认识到,单纯的理论教学无法满足现代社会对人才的需求,必须将理论与实际紧密结合,让学生在实践中学习,在学习中实践。能力培养是高等职业教育的核心任务。这里的"能力",不仅指学生的专业技能,还包括他们的动手能力、解决问题的能力、创新思维能力等。为了实现这一目标,高等职业教育注重实践性教学,通过大量的实验、实训、课程设计等教学环节,让学生在实践中锻炼和提升自己。这种教学方式不仅提高了学生的动手能力,更培养了他们解决生产、工作实际问题的能力,使他们能够更好地适应社会的需求。

在高等职业教育中,教育与训练、教学与实践是相辅相成的。教育为学生提供了必要的理论知识,而训练则让学生在实践中将这些知识转化为实际的能力。教学与实践的结合,使得学生在学习过程中能够不断地将理论知识应用到实践中,从而加深对知识的理解,提升对技能的掌握。这种教学方式不仅提高了学生的学习兴趣和积极性,更有效地提升了他们的学习效果和学习质量。为了更好地实施实践性教学,高等职业教育在对课程教学内容的把握上进行了大胆的改革。它打破了传统学科型专业建设中的课程内容组织体系,不再按照学科的逻辑体系来组织课程内容,而是以实际工作任务为引领,以工作过程为导向,将课程内容与工作任务紧密结合起来。这种改革使得课程内容更加贴近实际工作需求,更加符合学生的认知规律,从而增强了课程的有效性和实用性。

在实践性教学的实施过程中,高等职业教育还注重培养学生的团队合作精神和创新意识。通过小组合作、项目驱动等教学方式,让学生在团队中学会沟通、学会协作、学会创新。这些能力的培养不仅有助于提高学生的综合素质,更为他们未来的职业发展奠定了坚实的基础。

4. 培养目标的应用性

高等职业教育在人才培养上的定位与众不同,它紧紧围绕社会职业岗位的实际需求,以能力为中心,形成了其独特的教育理念和培养模式。这种教育模式不是为了培养科学家或纯理论家,而是致力于塑造那些能够迅速适应职业环境、具备高度技术应用能力的专业人才。高等职业教育所追求的人才类型,是职业型和岗位型的,这意味着它的教育内容和方式都是紧密围绕实际工作岗位的需求来设计的。它不同于传统的学术型教育,后者可能更加注重理论研究和科学探索。相反,高等职业教育强调的是技术的掌握和应用,是如何将理论知识转化为实际工作中的解决方案。

在培养生产技术型人才方面,高等职业教育的目标非常明确,既要给予学生初步的工程师专业理论知识,又要使他们具备技师级别的操作技能。这样的人才不是纸上谈兵的理论家,而是能够在生产技术第一线发挥关键作用的应用型人才。他们不仅懂得如何设计和优化生产流程,更能亲自动手,解决生产过程中的各种技术难题。而在培养经营管理型人才方面,高等职业教育的目标同样明确且具有针对性。它旨在培养那些既具备企业家的经营能力和基础知识,又拥有推销员、生产管理人员、财务人员等专业技能的复合型高级应用型人才。这样的人才不仅懂得如何管理企业,更能从市场、销售、财务等多个角度为企业的发展提供全面支持。他们不是单纯的管理者,而是能够在经营管理第一线发挥领导作用的全面型人才。对此,高等职业教育在教学内容和方式上都进行了精心的设计。它注重理论与实践的结合,强调知识的应用性和技能的实用性。通过大量的实验、实训和课程设计,学生可以在模拟的职业环境中亲身体验和解决实际问题,从而快速提升自身的职业能力和素养。

(二)高职院校师资队伍建设的培养目标

1. 师资队伍建设的总目标

各类高职院校,作为培养高素质技术型人才的重要基地,肩负着为国家和社会输送合格人才的重任。在当前社会主义市场经济快速发展的背景下,高职院校必须从更高更远的视角来审视自身的使命和责任,充分认识到全面提高师资队伍整体素质的重要性和迫切性。师资队伍是高职院校的核心竞争力所在,也是决定教育质量的关键因素。一支优秀的师资队伍,不仅要具备高尚的师德和先进的教育观念,还要有强烈的改革意识和较高的教学水平。同时,实践能力也是不可或缺的重要素质。这样的师资队伍,才能培养出既懂理论又会实践的高素质技术型人才,满足社会主义市场经济发展的需要。

具体来说,高职院校应加强师德建设,培养教师的职业道德和敬业精神。师德是教师之魂,只有具备了高尚的师德,教师才能以身作则,为学生树立良好的榜样。还要更新教育观念,引导教师树立现代教育理念,注重培养学生的创新精神和实践能力。并且要强化改革意识,鼓励教师积极参与教学改革,探索新的教学方法和手段。最重要的是提升实践能力,鼓励教师参与企业实践和社会服务,提高教师的实践经验和技能水平。而专任教师是学校的主力军,承担着大部分的教学任务。而兼职教师则可以为学校带来更多的实践经验和行业资源,丰富教学内容和形式。因此,高职院校应该根据自身的实际情况,合理配置专兼职教师的比例,形成优势互补、协同发展的良好机制。

2. 提高专任教师业务水平,改善师资队伍学历结构,建立好专职教师队伍

提高专任教师业务水平的关键在于构建系统化、常态化的教师专业发展机制。这包括但不限于定期举办各类教育教学研讨会、工作坊,邀请行业专家进行专题讲座和实践指导;搭建校内外教学交流平台,鼓励教师参与国内外学术交流活动,以拓宽视野,更新知识体系;实施"双师型"教师培养计划,强化教师的企业实践经历,确保其既能传授专业知识,又能传递实践经验。同时,应完善教师评价制度,将教学质量、科研成果、社会服务等多方面表现纳入考核范围,激励教师自我提升与终身学习。而且,改善师资队伍学历结构,旨在打造具备深厚理论功底与前沿学科视野的教师团队。一方面,引进高学历高层次人才,充实到高职教育一线,通过他们的引领作用带动整个师资队伍整体素质的提升;另一方面,支持在职教师继续深造,提供攻读硕士、博士学位的机会,或者参加高级研修班、访问学者项目等,进一步提升其学术地位和专业影响力。同时,也要关注年轻教师的成长与发展,设立导师制度,为他们提供个性化的职业规划和发展指导。

建设高质量的专职教师队伍,需要从源头上优化招聘流程,严把入口关,吸引并选拔具有较高职业素养、扎实专业基础和强烈教育情怀的人才加入教师队伍。在队伍建设过程中,强调教师的职业道德建设,倡导敬业乐群、为人师表的教风学风。此外,要建立健全教师福利待遇保障机制,确保教师能在安心从教的同时,获得与其付出相匹配的物质与精神回报,从而稳定和壮大专职教师队伍。

3. 建设一支实践能力强、教学水平高的兼职教师队伍

在面向行业企业选聘兼职教师时,不仅要考察其在相关领域的专业技能和实践经验,还要对其教育教学能力进行评估,确保其能够将丰富的行业经验有效转化为教育实践,以"双师型"特色强化课堂教学效果。同时,拓宽兼职教师来源渠道,积极引入各行业精英、技术能手,以及具有高级职称或丰富项目经验的专业人士,通过他们的参与,使学生有机会接触到最前沿的技术动态和行业发展趋势。而且,针对兼职教师的特点,举办教学方法论、课程设计、课堂管理等方面的专题培训,帮助他们掌握科学的教学理念和有效的教学手段。同时,鼓励兼职教师参与校内外的教学研讨交流活动,分享实战经验,汲取先进的教学理念和技术,持续提高自身的教育教学能力。并且,通过设立混合式教学团队,充分发挥双方优势,专职教师提供扎实的理论基础,而兼职教师则注入鲜活的行业案例和实践元素,共同推动课程内容创新和教学质量提升,还可通过共建实习实训基地、联合开展课题研究等方式,进一步深化校企合作,促使兼职教师在教学过程中更好地融入产业需求,实现教学与生产实际的无缝对接。

4. 建设一支理论基础扎实,又有较强实践能力"双师型"教师队伍

在高等职业教育体系中,教师队伍的建设与优化始终是提升教育质量、实现教育目标的关键环节。各高职院校深知,要想培养出既具备理论知识又有实践能力的高素质技术型人才,首先必须拥有一支既懂理论又会实践的"双师型"教师队伍。因此,它们纷纷采取有力措施,从提升现有教师队伍素质和引进外部优秀人才两个方面入手,不断加强教师队伍的建设。

在提升现有教师队伍素质方面,各高职院校鼓励并支持教师参与产学研结合项目。通过与企业、科研机构的紧密合作,教师能够深入了解行业发展的最新动态和技术前沿,从而不断更新自己的知识结构和技能体系。同时,这种合作模式也为教师提供了将理论知识应用于实践的机会,有助于提升他们的实践教学能力。此外,各高职院校还定期组织教师进行专业实践能力培训,通过实地考察、模拟演练、案例分析等方式,帮助教师提高解决实际问题的能力,更好地适应职业教育的教学需求。而在引进外部优秀人才方面,各高职院校高度重视从企事业单位引进既有丰富工作实践经验又有扎实理论基础的高级技术人员和管理人员。这些人才不仅具备深厚的专业知识,还熟悉行业的工作流程和标准,能够为学生提供更加贴近实际的教学内容和指导。并且,他们的加入也能够为教师队伍带来新的教学理念和方法,促进教师队伍的整体提升。

为了激励更多教师向"双师型"教师发展,各高职院校在职务晋升和工资待遇方面也给予了相应的倾斜。它们建立了完善的评价机制,将教师的实践教学能力、产学研合作成果等纳入考核体系,作为职务晋升和工资待遇的重要依据。这种政策导向不仅激发了教师提升自我能力的积极性,也营造了更加有利于"双师型"教师成长的环境。

第三章 国内高职院校师资队伍建设现状与不足

第一节 高职院校师资队伍的现状

一、师资队伍数量情况分析

(一)高职院校教师职称结构情况分析

据相关数据统计表明,2021 年,我国共有 1 951 752 名高等教育专任教师。从学历来看,有博士学位的教师 608 493 人,占 31.18%;有硕士学位的教师 722 942 人,占比 37.04%;本科学历的教师为 608 493 人,占 31.18%;专科学历的教师 11 297 人,占比仅为 0.58%;高中学历的教师 527 人,占比仅为 0.02%。在我国高等教育体系中,师资队伍的学历结构是衡量教育质量和发展潜力的重要指标。

通过数据可知,有博士学位教师在高等教育中扮演着举足轻重的角色,他们的占比达到了 31.18%,这一比例的提升无疑彰显了我国高等教育在教师队伍学历层次上的显著进步。这些教师通常具备深厚的学术背景和独立开展科研工作的能力,他们的存在对于推动高等教育的教学改革、科研创新以及学科交叉融合具有不可替代的作用。他们的研究成果不仅丰富了学术领域的知识库,还为培养创新型人才提供了源源不断的动力。紧随其后的是有硕士学位教师,他们的占比高达 38.35%,成为高等教育师资队伍中的中坚力量。这部分教师拥有扎实的专业知识和较强的教学能力,他们是保障高等教育质量的关键因素。在日常教学中,他们承担着大量的教学任务,负责培养学生的专业素养和实践能力。同时,他们也是科研工作的积极参与者,为学科发展贡献着自己的智慧和力量。相比之下,本科学历教师的占比为 32.28%,虽然仍占据一定比重,但在学历层次上已显露出与有博士、硕士学位的教师的差距。为了适应高等教育不断发展的需求,这部分教师需要进一步提升自身学历层次,增强学术竞争力。高校应当为他们提供更多的学历提升机会和平台,鼓励他们通过进修、攻读学位等方式提高自身学术水平。

至于专科学历和高中学历教师,他们的占比分别仅为 0.58% 和 0.02%,在高等教育师资队伍中几乎可以忽略不计。这部分教师可能主要从事一些辅助性教学工作,但在当前高等教育对教学质量和师资水平要求越来越高的背景下,他们的学历层次显然已经无法满足实际需求。因此,高校需要采取有效措施,帮助他们提升学历或转岗到其他适合的岗位,以确保师资队伍的整体素质和教学水平。

表 3-1 专任教师职级结构统计表

	博士学位	硕士学位	本科学历	专科学历	高中学历
数量	608 493	722 942	608 493	11 297	527
占比	31.18%	37.04%	32.28%	0.58%	0.02%

根据 2021 年的数据,我们可以看到高职教师队伍由正高级教师、副高级教师、中级教师、初级教师以及未定职级的教师等多个层级构成,他们共同支撑着高职教育的稳步发展。正高级教师,作为高职师资队伍中的璀璨星辰,占 13.08%。他们是学术领域的领航者,不仅在教学上展现出卓越的能力,更在科研方面具备深厚的造诣。正高级教师往往是学科建设的核心力量,他们的研究成果和学术见解对于推动整个学科的进步具有重大意义。高职院校应当珍视这部分宝贵的人才资源,为他们提供更为广阔的科研平台和更加丰富的学术资源,以激发他们的创新潜能,引领学科发展的方向。而副高级教师和中级教师,合计占比高达 66.39%,是高职教师队伍中的坚实基石。他们在教学一线默默耕耘,承担着培养学生专业技能和职业素养的重任。同时,他们也是科研工作的中坚力量,为学术研究领域贡献着自己的智慧和力量。高职院校应当高度重视这部分教师的职业发展需求,通过提供系统的培训、交流机会和职业发展规划指导等措施,帮助他们提升教学水平和科研能力,实现个人价值的同时推动学校整体实力的提升。

初级教师和未定职级的教师,占比分别为 11.19% 和 9.34%,是高职教师队伍中的新生力量。他们怀揣着教育梦想和热情,正处于职业生涯的起步阶段。高职院校应当给予这部分教师更多的关注和支持,通过师徒制、教学督导等方式为他们提供有针对性的指导和帮助。此外,还要为他们提供丰富的教学实践机会和科研参与机会,让他们在实践中不断成长和进步,逐步成为高职教育的有力支撑。

表3-2　专职教师职称结构统计表

	正高级	副高级	中级	初级	无职称
数量(人)	255 233	572 130	723 730	218 437	182 222
占比	13.08%	29.31%	37.08%	11.19%	9.34%

(二)高职院教师职称与年龄结构分布情况分析

据2020—2021相关调查数据统计,2020—2021年高职院校专职教师年龄分布情况为:29岁以下总人数达到196 892人,30—34岁总人数达到331 072人,35—39岁总人数达到386 801人,40—44岁199 898人,45—49岁总人数达到227 734人,50—54岁总人数达到22 073 975人,55—59岁总人数达到161 847人。

表3-3　专职教师的职称与年龄结构分布情况统计表

年龄	正高级人数	副高级人数	中级人数	初级人数	未定职称人数
29岁以下	96	1 247	62 583	79 237	93 729
30—34	2 239	25 357	199 336	81 089	53 051
35—39	22 790	106 308	226 686	37 566	24 153
40—44	42 340	149 984	54 022	8 510	6 028
45—49	56 176	121 018	98 040	5 842	2 658
50—54	54 715	95 843	56 393	3 590	1 473
55—59	76 877	72 373	26 670	2 603	1 130

从年龄分布来看,年轻教师(29岁以下和30—34岁)在初级职称中占据较大比例,这反映了年轻教师正处于职业生涯的起步阶段,需要更多的培养和发展机会。随着年龄的增长,教师在中高级职称中的比例逐渐增加,特别是在

45—54岁年龄段,正高级职称人数达到高峰,这表明中年教师是高职院校的中坚力量,在教学和科研方面发挥着重要作用。而从职称分布来看,副高级职称人数在35—44岁年龄段达到高峰,而正高级职称人数则在45—54岁年龄段达到高峰。这反映了职称晋升的一般规律,即教师需要经过一定的教学实践和科研成果积累才能逐步晋升到更高级别的职称。同时,还注意到未定职称人数在年轻教师中比例较高,这可能是由于新入职教师尚未完成职称评定或处于试用期等原因。高职院校应关注这部分教师的职业发展,为他们提供必要的支持和指导。

二、高职院校师资队伍质量与素质分析

(一)教学能力

1. 教师教学理念与定位

教学理念是教师教学活动的灵魂,它决定了教师的教学行为和教学方式。在高职院校中,教师的教学理念应与时俱进,紧密围绕高技能人才培养目标,注重学生实践能力和创新精神的培养。然而,在实际教学中,部分教师仍受传统教学理念的影响,过于注重理论知识的传授,而忽视了学生的实践操作能力和综合素质的培养。为了提升高职院校师资队伍的教学能力,必须引导教师转变教学理念,明确自身在高技能人才培养中的角色定位。教师应从单纯的知识传授者转变为学生学习过程的引导者和促进者,注重培养学生的自主学习能力和问题解决能力。同时,教师应关注学生的个性化发展,尊重学生的兴趣爱好和特长,为学生提供多样化的学习体验和发展空间。

2. 教师知识结构与更新

在高职院校中,教师需要具备扎实的专业知识、丰富的实践经验和广博的教育教学知识。然而,随着科学技术的不断发展和产业结构的升级换代,一些教师的知识结构已无法满足高技能人才培养的需求。为了提升高职院校师资队伍的教学能力,应重视教师知识结构的更新与优化。一方面,学校应鼓励教师参加各类专业培训和学习活动,提高教师的专业素养和教育教学能力;另一方面,学校还应加强与企业行业的合作与交流,引导教师深入企业实践,了解最新的技术动态和人才需求,从而不断完善自身的知识结构。

3. 教师教学方法与手段

在高职院校中,教师应根据学生的认知特点和专业需求,灵活运用多种教学方法和手段,激发学生的学习兴趣和积极性。然而,在实际教学中,部分教师仍采用单一、陈旧的教学方法和手段,导致课堂气氛沉闷、学生参与度低。对此,应大力支持与鼓励教师进行创新。一方面,学校应引入现代化的教学设备和技术,为教师提供多样化的教学手段选择;另一方面,学校应组织教师开展教学研究和交流活动,分享成功的教学经验和案例,促进教师之间的相互学习和借鉴。

(二)科研能力

1. 科研意识的形成与发展

科研意识是高职院校教师进行科研活动的内在动力,也是提升师资队伍科研能力的前提条件。近年来,随着高职教育的转型升级,越来越多的高职院校开始注重培养教师的科研意识,鼓励教师积极参与科研活动。一方面,高职院校通过加强科研宣传和教育,让教师认识到科研对于提升教学质量、促进个人发展以及推动学校整体进步的重要性。学校定期举办科研讲座、研讨会等活动,为教师提供交流和学习的平台,激发他们的科研热情。另一方面,高职院校通过建立科研激励机制,鼓励教师积极参与科研项目申报、论文发表等科研活动。对于在科研方面取得突出成果的教师,学校给予相应的奖励和荣誉,进一步激发教师的科研积极性。

在科研意识的形成与发展过程中,高职院校师资队伍逐渐形成了积极参与科研活动的良好氛围。越来越多的教师开始关注学科前沿动态,主动探索教育教学规律,积极申报各类科研项目,为提升学校的整体科研水平奠定了坚实基础。

2. 科研素养的提升与展现

科研素养是高职院校教师进行科研活动的基础能力,包括科研方法掌握、科研问题解决以及科研成果表达等多个方面。近年来,高职院校在提升师资队伍科研素养方面取得了显著成效。

高职院校尤为注重培养教师的科研方法掌握能力,通过开设科研方法课程、举办科研方法讲座等方式,让教师掌握基本的科研方法和技能。对此,高职院校应鼓励教师在教学实践中运用科研方法,解决实际问题,提升教学质量。而且,学校应鼓励教师围绕学科前沿和教育教学实际问题开展研究,通过团队合作、项目驱动等方式,提升教师解决复杂问题的能力。在这个过程中,教师的创新思维和实践能力得到了有效锻炼和提升。并且,高职院校注重培养教师的科研成果表达能力。高职院校通过举办论文写作培训、学术交流活动等方式,提升教师的论文写作和学术交流能力。为此,高职院校积极为教师搭建科研成果展示平台,鼓励教师参加各类学术会议和论坛,展示研究成果,扩大影响力。

在科研素养的提升与展现过程中,高职院校师资队伍逐渐形成了具备较高科研素养的人才队伍。他们在科研方法掌握、科研问题解决以及科研成果表达等方面展现出了较强的实力,为学校的科研活动提供了有力的人才保障。

3. 科研管理机制的完善与创新

高职院校明确了科研项目的申报、审批、实施和结题等流程,确保科研项目的规范运作和有效实施,还建立了科研项目经费使用和管理制度,确保经费的合理使用和效益最大化。并制定了科研成果评价标准和奖励办法,对在科研方面取得突出成果的教师给予相应的奖励和荣誉。这种机制有效地激发了教师的科研积极性和创造性,推动了学校科研工作的快速发展。对此,高职院校应鼓励教师组建科研团队,开展跨学科、跨领域的合作研究。同时,加大对科研团队的管理和支持力度,为团队提供必要的场地、设备和经费支持,确保团队研究工作的顺利进行。

在科研管理机制的完善与创新过程中,高职院校师资队伍的科研能力得到了进一步提升。完善的科研项目管理制度、科研成果评价和奖励机制以及科研团队建设和管理措施,为教师的科研活动提供了良好的制度环境和支持条件。

(三)实践能力

1. 行业经验的积淀与传承

高职院校的教育目标是培养适应行业需求的高素质技术技能人才。因此,师资队伍的行业经验对于实现这一目标至关重要。具有丰富行业经验的教师不仅能够将理论知识与实际应用相结合,更能为学生提供真实的行业案例和实践机会,帮助他们更好地适应未来的职业生涯。

在高职院校中,许多教师都具有企业工作经验或行业背景。这些经验使他们对行业的需求和发展趋势有着深刻的理解,能够在教学中及时引入最新的行业知识和技能。同时,他们还能通过校企合作、产教融合等方式,将企业的真实项目引入课堂,让学生在实践中学习,在学习中实践。而且,高职院校还注重教师行业经验的传承。通过师徒制、工作室制等教学模式,经验丰富的老教师能够将自己的经验和技能传授给年轻教师,确保师资队伍的行业经验得以延续和发展。

2. 技术应用能力的提升与创新

随着科技的快速发展和行业的不断变革,高职院校教师需要不断提升自己的技术应用能力,以适应新的教学需求。这种技术应用能力不仅包括对传统技术的熟练掌握,更在于对新技术的快速学习和应用。并且,高职院校通过多种途径提升教师的技术应用能力。一方面,学校鼓励教师参加各类技术培训和学术交流活动,使他们能够及时掌握最新的技术动态和行业发展趋势。另一方面,学校还积极为教师提供实践平台,如实验室、实训基地等,让他们在实践中提升自己的技术应用能力。在技术应用能力的提升过程中,高职院校教师还注重创新实践。他们不仅关注技术的应用,更在于技术的创新和改进。通过与企业合作开展技术研发、参与科研项目等方式,教师能够将自己的技术创新能力转化为实际的教学成果,为学生提供更加前沿、实用的教学内容。

3. 创新实践能力的培育与拓展

创新实践能力是高职院校师资队伍实践能力的重要组成部分。这种能力不仅体现在教师的教学方法和手段上,更在于他们的创新思维和创新能力。高职院校注重培养教师的创新实践能力。通过开设创新课程、举办创新实践活动等方式,学校鼓励教师积极探索新的教学方法和手段,培养学生的创新思维和实践能力。同时,学校还建立创新激励机制,对于在创新实践方面取得突出成果的教师给予相应的奖励和荣誉,进一步激发教师的创新热情。

在创新实践能力的培育过程中,高职院校教师还注重拓展自己的实践领域。他们不仅关注教育领域内的创新实践,更在于将创新思维和方法应用到其他领域。通过跨学科、跨领域的合作与交流,教师能够拓宽自己的实践视野,提升自己的综合实践能力。

(四)师德师风

1. 敬业爱生,育人为本

在高职院校中,敬业的教师会全身心投入到教育教学中,以严谨的治学态度、精湛的教学技艺,为学生提供高质量的教育服务。他们不仅关注学生的学业成绩,更关心学生的身心健康和成长发展。这种敬业精神也感染着学生,激励他们以更加认真的态度对待学习和生活。而高职院校的教师普遍具有深厚的爱心,他们把学生当作自己的孩子一样关心和爱护。在学习上,他们耐心指导,帮助学生解决难题;在生活上,他们细心关怀,为学生提供各种帮助。这种爱心让学生感受到家的温暖,也让他们更加信任和尊重教师。并且,高职院校的教师始终把培养学生的综合素质和职业技能放在首位,注重学生的全面发展。他们不仅教授学生专业知识,更注重培养学生的职业道德、人文素养和社会责任感。这种育人理念让学生在学校期间就树立了正确的价值观和职业观,为他们未来的职业发展奠定了坚实基础。

2. 严谨治学,为人师表

高职院校的教师普遍具有严谨的治学态度和精湛的教学技艺。他们注重学术研究,不断追求学术创新,为学生提供最新的学术成果和前沿知识。他们还注重教学方法的探索和实践,根据学生的特点和需求,采用灵活多样的教学方法,提高教学效果。并且,高职院校的教师注重自身的道德修养和言谈举止,以自己的良好形象为学生树立榜样。他们遵守社会公德和职业道德,严于律己,宽以待人,以高尚的人格魅力感染和教育学生。不仅如此,他们注重与学生的沟通和交流,倾听学生的心声,关注学生的需求,为学生提供有针对性的指导和帮助。

3. 团结协作,共谋发展

高职院校的教师注重团队合作和协作精神的培养,他们相互尊重、相互支持、相互学习、共同进步。在教学和科研中,他们发挥各自的优势和特长,形成合力,共同攻克难题。这种团结协作的精神不仅提高了教学和科研的效率,也增强了教师队伍的凝聚力和战斗力。并且,高职院校的教师注重学校的整体发展和长远规划,他们积极参与学校的各项建设和改革工作,为学校的发展贡献自己的力量。同时,他们注重自身的发展和提高,通过不断学习和实践,提升自己的综合素质和教学水平。这种共谋发展的理念让教师队伍与学校的发展紧密相连,形成了共同的目标和追求。

第二节　高职院校师资队伍建设取得的成就

一、师资队伍建设取得的成就

(一)师资队伍的规模基本适度

1. 数量维度的适度性

生师比是衡量高职院校教学资源配置是否合理的关键指标。一个适度的生师比能够确保每位教师承担适量的教学任务,从而有足够的时间和精力进行教学质量提升和个性化指导。当前,多数高职院校的生师比均处于较为合理的水平,既保证了教学的正常进行,又兼顾了教师的教学负荷。而专任教师是高职院校师资队伍的主力军,他们承担着绝大部分的教学任务。专任教师数量的充足性直接关系着教学计划的落实和教学质量的提升。高职院校通过不断加大专任教师的引进力度,确保每个专业、每门课程都有足够的专任教师承担教学任务,为教学的顺利进行提供了有力保障。并且,兼职教师作为高职院校师资队伍的重要组成部分,以其丰富的实践经验和行业背景为教学注入了新的活力。他们通常承担实践性较强的课程教学任务,能够为学生提供更加贴近实际的教学内容。高职院校通过聘请一定数量的兼职教师,有效缓解了专任教师数量不足的压力,同时优化了师资队伍的结构。

2. 结构维度的均衡性

老教师经验丰富、教学功底深厚;中年教师年富力强、正处于事业发展的黄金期;青年教师充满活力、易于接受新思想和新技术。高职院校通过合理搭配不同年龄段的教师,形成了稳定而富有活力的师资队伍。而在学历结构上,随着高职教育的不断发展,高职院校对教师的学历要求也在逐渐提高。目前,高职院校师资队伍中硕士研究生及以上学历者所占比例不断增加,这有助于提升整体的教学水平和科研能力。并且,在职称结构上,高职院校注重优化师资队伍的职称比例。通过加大高级职称教师的引进力度、完善中级职称教师的晋升机制等措施,使得师资队伍的职称结构更加合理。这种合理的职称结构不仅有利于激发教师的教学和科研热情,还有助于提升学校的整体竞争力。

3. 质量维度的全面性

高职院校的教师应具备较高的教育教学能力,能够灵活运用多种教学方法和手段进行高质量的教学。通过不断加强教师的岗前培训和在职进修,高职院校的师资队伍在教育教学能力方面得到了显著提升。而科研创新是高职院校提升办学水平和社会影响力的重要途径。高职院校的教师应具备一定的科研创新能力,能够积极参与科研项目和成果转化工作。通过搭建科研平台和组建科研团队等措施,高职院校的师资队伍在科研创新方面取得了显著成果。并且,社会服务是高职院校的重要职能之一。高职院校的教师应具备较强的社会服务能力,能够为企业和行业提供技术支持、人才培训等服务。通过加强校企合作和拓展社会服务渠道等措施,高职院校的师资队伍在社会服务方面展现出了较强的实力。

(二) 师资队伍的结构趋于合理

1. 学历结构的高层次化

在高职院校师资队伍的学历结构中,高层次学历教师的比例逐年上升,已成为一种显著的发展趋势。这不仅体现在硕士研究生及以上学历教师的增加,更在于这些高学历教师所带来的教学理念、研究能力和国际视野的更新与提升。而高学历教师通常具备更为扎实的理论基础和研究能力,他们在教学中能够更深入地挖掘学科内涵,引导学生探索未知领域。同时,这些教师往往更容易接触国际前沿的教育理念和教学方法,能够为学生提供更加多元化、国际化的教育体验。而且,他们通常具备更强的科研意识和研究能力,能够带领学生参与更高级别的科研项目,培养学生的科研素养和创新能力。

2. 职称结构的均衡化

高职院校师资队伍的职称结构正逐渐向着更加均衡的方向发展。这种均衡性不仅体现在教授、副教授等高级职称教师的稳定增加上,也在于讲师、助教等中级职称教师的有序发展。而且,高级职称教师是师资队伍的领军人物,他们在学术研究、教学改革和社会服务等方面发挥着重要作用。随着高级职称教师比例的增加,高职院校的学术影响力和社会服务能力也得到了显著提升。并且,中级职称教师是师资队伍的中坚力量,他们承担着大量的教学任务和科研工作。有序发展的中级职称教师队伍不仅为高职院校的教学工作提供了有力保障,也为高级职称教师的培养储备了充足的后备人才。

3. 专业结构的多元化

高职院校师资队伍的专业结构正朝着多元化的方向发展。这种多元化不仅体现在传统专业的继承和发扬,更在于新兴专业的开设和发展。传统专业教师是高职院校的宝贵财富,他们在长期的教学实践中积累了丰富的经验和资源。随着社会的不断发展和技术的不断进步,传统专业教师也在不断更新知识结构和教学方法,以适应新时代的需求。而新兴专业教师则为高职院校注入了新的活力。他们通常具备更加前沿的知识体系和更加灵活的教学方法,能够为学生提供更加新颖、实用的学习体验。同时,新兴专业的发展也带动了高职院校的整体转型升级,使其更加紧密地与社会需求相结合。

(三)师资队伍专兼结合

1. 引领教学改革,把控专业发展方向

高职院校的教学改革委员会是学校教学改革的重要决策机构,而师资队伍中的骨干教师和专业带头人往往是这个委员会的核心成员。他们凭借丰富的教学经验和深厚的专业素养,在教学改革委员会会议中发挥着举足轻重的作用。在教学改革委员会会议上,师资队伍成员积极参与讨论教学计划、教学内容等核心议题。他们结合行业发展趋势、企业用人需求以及学生成长规律,对教学计划进行全面审视和优化。同时,他们还针对教学内容的更新和完善提出宝贵建议,确保专业教学始终与行业需求保持同步。而师资队伍还为专业教改把关定向。他们通过对专业发展方向的深入研究和探讨,为学校制定科学合理的专业发展规划提供有力支撑。这不仅有助于提升专业的社会适应性和竞争力,更能为学生的未来职业发展奠定坚实基础。

2. 深度参与教学活动,提升学生培养质量

教学活动是高职院校实现人才培养目标的重要途径,而师资队伍则是教学活动的主体和核心力量。他们在教学活动中承担着多重角色,为学生提供全方位、高质量的教育服务。他们独立或与学校教师合作,结合专业特点和学生需求,编写出具有针对性、实用性的教材。这不仅有助于完善专业课程体系,更能为学生提供更加贴近实际、更加易于掌握的学习材料。而且,他们凭借丰富的教学经验和精湛的教学技艺,为学生传授专业知识、培养专业技能。在教学过程中,他们注重与学生的互动和交流,关注学生的反馈和需求,及时调整教学策略和方法,确保教学效果达到最佳状态。并且,他们深入企业一线,了解学生的实训环境和实训内容,为学生提供及时、有效的指导和帮助。这不仅有助于提升学生的实践能力和职业素养,更能为学生未来的就业和职业发展打下坚实基础。不仅如此,高职院校教师队伍还参与毕业设计的选题、指导、答辩等工作。他们结合专业特点和企业需求,为学生提供具有挑战性、实用性的毕业设计选题。在指导过程中,他们注重培养学生的创新思维和实践能力,为学生的毕业设计提供有力保障。在答辩环节,他们严格把关,确保学生的毕业设计成果达到专业水平。

3. 搭建校企桥梁,推动产学研深度融合

在高职院校的校企合作中,师资队伍发挥着桥梁和纽带的作用。他们凭借自身的专业素养和行业经验,为学校与企业之间的合作搭建起良好的沟通平台。他们结合企业的实际需求和行业的发展趋势,为学校提供具有前瞻性、实用性的科研课题。在研究过程中,他们注重与企业的合作和交流,确保科研成果能够转化为实际的生产力。而且,他们凭借对行业和企业的深入了解,为实训基地、实验室的建设提供有力支持。这不仅有助于提升学生的实践能力和职业素养,更能为企业的技术创新和产品研发提供有力保障。并且,他们与企业紧密合作,共同开展技术研发、产品推广等工作,实现资源共享、优势互补。这不仅有助于提升学校的科研水平和社会服务能力,更能为企业的可持续发展提供有力支撑。

二、高职院校注重师资队伍建设

(一)加强师资队伍思想政治教育,提高师德水平

1. 高职院校教师思想政治素质的提升

在高职院校中,教师的思想政治素质直接关系着学生的成长成才和学校的改革发展。因此,各高职院校都非常重视教师思想政治素质的提升。为了提高教师的思想政治素质,各高职院校采取了多种措施。一方面,学校加强了对教师的思想政治教育,通过组织学习党的方针政策、时事政治等活动,引导教师树立正确的世界观、人生观和价值观。另一方面,学校还鼓励教师积极参

与社会实践活动,了解国情、民情和社情,增强教师的社会责任感和使命感。并且,各高职院校还注重发挥优秀教师的示范引领作用。通过评选表彰优秀教师、宣传他们的先进事迹和经验做法,激发广大教师的学习热情和进取精神,推动形成崇尚先进、学习先进、争当先进的良好氛围。

2. 高职院校教师职业道德素质的培养

在高职院校中,教师的职业道德素质直接影响着学生的职业道德养成和学校的办学声誉。因此,各高职院校都非常注重教师职业道德素质的培养。为了培养教师的职业道德素质,各高职院校从多个方面入手。尤其是加强了对教师的职业道德教育,通过组织学习职业道德规范、开展师德师风建设等活动,引导教师树立正确的职业观念和职业操守。并且,学校建立了完善的师德考核机制,将师德表现作为教师评价的重要指标之一,激励教师自觉践行职业道德规范。最重要的是,学校还注重发挥企业文化的熏陶作用,通过校企合作、产教融合等方式,引导教师了解企业文化、认同企业价值观,提升教师的职业素养和职业道德水平。

(二)重视学术梯队建设,改善师资队伍结构

1. 高职院校师资队伍结构优化的重要性

近年来,随着高职教育的快速扩张,大量青年教师和新引进教师加入高职院校的教学队伍中。他们虽然为学校带来了新的活力和创新力,但在教学经验、实践能力等方面相对欠缺。因此,优化师资队伍结构,提升青年教师和新引进教师的能力和素质,成为高职院校面临的重要任务。而且,优化师资队伍结构不仅有助于提高教师的教学水平和科研能力,更有助于形成科学合理的教师梯队,推动学校的整体发展。通过优化师资结构,高职院校可以构建一支数量充足、结构合理、素质优良的师资队伍,为学校的改革发展提供有力的人才保障。

2. 以老带新传承经验,助力青年教师成长

以老带新是一种传统的教师培养模式,也是高职院校提升青年教师能力的有效途径。在这种模式下,经验丰富的老教师与青年教师结成师徒关系,通过一对一的指导、帮扶和交流,使青年教师能够快速适应教学环境、掌握教学技巧、提升教学能力。在具体实施中,高职院校可以为每位青年教师配备一位

教学经验丰富的指导教师,负责对其进行全方位的指导和帮助。指导教师可以定期与青年教师进行沟通交流,了解其教学情况和遇到的问题,及时给予解答和引导。同时,学校还可以组织教学经验交流会、教学观摩等活动,为青年教师提供学习和交流的平台,使其能够在实践中不断学习和成长。

3. 通过生产实践强化应用能力,提升实践教学水平

高职教育以培养应用型人才为目标,因此,提升教师的实践教学能力至关重要。生产实践是一种有效提升教师实践教学能力的方式。通过参与企业的生产实践,教师可以深入了解行业现状、企业需求和职业标准,从而更好地指导学生的实践学习和就业创业。为了提升教师的实践教学能力,高职院校可以积极与企业合作,共建实训基地、实验室等实践教学平台。同时,学校还可以鼓励教师参与企业的技术研发、产品推广等项目,使其在实践中不断提升自身的专业素养和实践能力。此外,学校还可以定期组织教师参加行业会议、研讨会等活动,使其能够及时了解行业最新动态和发展趋势,为实践教学提供有力支撑。

4. 系统提升教师综合素质

举办培训班是高职院校提升教师综合素质的常用方式。通过系统的培训和学习,教师可以全面提升自身的教育理念、教学方法、科研能力等方面的素质。在培训内容上,高职院校可以根据教师的实际需求和发展方向,设计针对性的培训课程。例如,可以组织教育教学理论培训、现代教育技术培训、科研方法培训等,使教师能够全面掌握教育教学的基本理论和实践技能。在培训方式上,学校可以采取集中培训、在线学习、研讨交流等多种形式,为教师提供灵活多样的学习方式和交流平台。

(三)重视培养"双师型"师资队伍

1. 深化校企合作,提升教师实践技能

校企合作是高职院校培养"双师型"教师的重要途径之一。通过与企业建立紧密的合作关系,高职院校可以安排教师深入企业一线进行实践锻炼,了解企业的生产流程、技术标准和人才需求。这种实践经历不仅能够帮助教师提升自身的实践技能,还能够使他们更好地理解职业教育的目标和需求。在校企合作的过程中,高职院校还可以邀请企业技术骨干来校参与教学工作,与教师共同开发课程、设计实训项目。这种合作模式不仅能够实现校企双方的资源共享和优势互补,还能够促进教师与企业技术人员的交流与合作,提升教师的双师素质。而且,高职院校还可以通过建立校外实训基地、开展订单式培养等方式深化校企合作。这些措施能够为教师提供更多的实践机会和平台,使他们在实践中不断成长和提升。

2. 强化教师培训,提高理论教学与实践能力

高职院校应该建立完善的教师培训机制,为教师提供系统化、针对性的培训项目。这些培训项目应该涵盖理论教学、实践教学、教育技术等多个方面,以满足教师的不同需求。在理论教学方面,高职院校可以邀请行业专家、学者来校举办讲座或研讨会,为教师传授最新的理论知识和学术动态。同时,学校还可以鼓励教师参加国内外学术会议和研讨会,拓宽他们的学术视野和思路。而在实践教学方面,高职院校可以组织教师参加各类技能培训和竞赛活动,提升他们的实践技能和操作能力。此外,学校还可以安排教师到企业进行实践锻炼或挂职锻炼,使他们在实践中深入了解行业现状和技术发展趋势。并且,在教育技术方面,高职院校应该加强对教师的现代教育技术培训,使他们能够熟练掌握各种教学软件和教学设备的使用方法,还应该鼓励教师积极探索新的教学模式和教学方法,以增强教学效果和学生的学习兴趣。

3. 完善激励机制,激发教师内在动力

高职院校应该建立完善的激励机制,从物质和精神两个方面对教师进行奖励和激励。在物质激励方面,高职院校可以设置相应的津贴、奖金和科研项目经费等,以鼓励教师积极参与“双师型”师资队伍的建设工作,还可以将教师的双师素质作为职称评定、岗位晋升的重要依据之一,以增强教师的职业认同感和归属感。而在精神激励方面,高职院校可以通过评选优秀教师、教学名师等荣誉称号来表彰在“双师型”师资队伍建设中做出突出贡献的教师。同时,学校还可以组织各种形式的经验交流会和座谈会等活动,来加强教师之间的交流与合作氛围,从而营造良好的师德风尚。

三、高职院校师资队伍建设取得的经验

（一）聘请兼职教师，改善师资队伍结构

1. 聘请兼职教师的必要性

随着社会的快速发展和技术的不断更新，高等职业教育面临着前所未有的挑战。一方面，新兴产业的崛起和传统产业的转型升级对人才的需求发生了巨大变化；另一方面，高职院校的师资队伍在数量、结构和质量上还存在不少问题，难以满足社会的多样化需求。在这样的背景下，聘请兼职教师成为改善师资队伍结构、提升教学质量的有效途径。兼职教师不仅可以弥补高职院校师资力量的不足，还可以带来新鲜的教学理念和实践经验，促进学校与企业、行业的紧密合作。此外，聘请兼职教师还有助于降低教学成本、提高办学效益，为高职院校的可持续发展提供有力支持。

2. 聘请兼职教师的优势

兼职教师通常具有丰富的行业经验和专业技能，能够将最新的行业动态和技术成果引入课堂，使教学内容更加贴近实际、更具针对性。这对于培养学生的实践能力和创新精神具有重要意义。而且，他们可以根据学校的需要和自身的时间安排进行灵活授课，同时能够为学生提供多样化的学习体验和就业指导。这对于拓宽学生的视野、提高学生的综合素质具有积极作用。不仅如此，兼职教师作为学校与企业、行业之间的桥梁和纽带，能够促进双方的合作与交流，推动校企共建实训基地、共同开发课程等项目的实施。这对于提高学生的就业竞争力和学校的办学水平具有深远影响。

3. 聘请兼职教师的实施策略

为了确保聘请兼职教师的工作取得实效，高职院校需要制定科学合理的实施策略。着重于明确聘请兼职教师的目标和原则，确保聘请工作与学校的发展战略和人才培养目标相一致。还要建立完善的聘请机制和管理制度。这包括制定明确的聘请标准、程序和要求，建立兼职教师信息库和评价体系，实施动态管理和激励机制等。通过这些措施，可以确保聘请到高素质的兼职教师，并充分发挥他们的作用。虽然兼职教师具有丰富的实践经验和专业技能，但在教学理念和教学方法上可能与学校的要求存在一定差距。因此，需要对

兼职教师进行必要的岗前培训和教学指导,帮助他们更好地融入学校的教学体系和文化氛围。同时,还要加强对兼职教师的管理和考核,确保他们的工作质量和教学效果达到学校的标准。

(二)提高教师待遇,稳定师资队伍

1. 提供全方位的支持与帮助,创造良好的学术氛围

为了留住本校优秀教师并吸引其他单位优秀人才,高职院校需要在出版、科研、学术活动、进修提高等方面给予教师全方位的支持与帮助。这些措施不仅有助于提升教师的专业素养和学术水平,还能够增强教师的归属感和成就感。在出版方面,高职院校可以设立专门的出版基金,鼓励教师撰写高质量的学术论文和专著,并为他们提供出版费用上的支持。而且,高职院校还可以与国内外知名的出版社建立合作关系,为教师的著作提供更广阔的传播途径。而在科研方面,高职院校需要加大对教师科研项目的经费投入力度,为他们提供充足的实验设备和研究资料。不仅如此,学校还可以通过与企业、行业合作的方式,为教师提供更多的横向课题和研究机会,促进科研成果的转化和应用。并且,在学术活动方面,高职院校可以定期举办各种学术研讨会、讲座和论坛,为教师提供展示和交流的平台。

在进修提高方面,高职院校需要制订完善的教师进修计划,为他们提供系统化的培训和学习机会。这些培训和学习机会可以包括校内外的短期课程、研讨会、工作坊等,也可以包括长期的访学、博士后研究等。通过这些措施,教师可以不断提升自己的专业素养和教学能力,为学校的发展做出更大的贡献。

2. 予以政策倾斜,提供优厚的生活待遇

为了稳定师资队伍并吸引优秀人才,高职院校需要在教师晋级、分配、住房等方面予以政策倾斜。这些措施能够直接关系到教师的切身利益和生活质量,因此具有非常重要的意义。在教师晋级方面,高职院校需要建立完善的晋升机制,确保优秀教师能够获得应有的职称和地位。同时,学校还可以设立特殊的晋升通道和破格提拔制度,为有培养前途的优秀青年教师提供更多的发展机会和空间。而在分配方面,高职院校需要制定合理的薪酬体系和奖金制度,确保教师的收入与他们的付出相匹配。同时,学校还可以通过设立各种奖励基金和荣誉称号的方式,对在教学、科研和社会服务等方面做出突出贡献的教师进行表彰和奖励。并且,在住房方面,高职院校需要关注教师的居住需

求,为他们提供舒适的住宿环境和便利的生活设施。这可以包括提供教师公寓、购房补贴、租房补贴等措施。通过这些措施,教师可以更好地安心于教学和科研工作,为学校的发展贡献自己的力量。

3. 建立灵活的用人机制,激发教师的内在动力

要留住优秀教师并吸引优秀人才,高职院校还需要建立灵活的用人机制。这种机制应该能够充分激发教师的内在动力,调动他们的工作积极性和创造力。应通过明确岗位职责和工作目标,使教师对自己的工作任务和职责有清晰的认识。并根据教师的实际表现和贡献进行岗位调整和聘任,实现能者上、庸者下的动态管理。而且,对教师的评价应该注重全面性和公正性,既要考虑教学成果和科研能力,也要考虑社会服务和师德师风等方面。同时,根据评价结果给予相应的奖励和激励,如晋升机会、奖金、荣誉称号等。还需要通过设立教师代表大会、学术委员会等机构,让教师有更多的机会参与学校的决策和管理过程。这不仅可以增强教师的归属感和责任感,还可以促进学校管理的民主化和科学化。

第三节　高职院校师资队伍建设的不足与成因

一、师资队伍建设工作中的不足

(一)教师数量有待增加

1. 高职教育发展背景下的师资需求

近年来,随着国家对职业教育的重视和支持力度不断加大,高职教育得到了快速发展,招生规模不断扩大,专业设置日益完善,教学改革不断深化。然而,与高职教育快速发展相适应的是,高职院校的师资队伍并没有得到同步发展,教师数量不足的问题日益突出。而在高职教育背景下,师资队伍的建设是提升教学质量、推动教学改革和实现可持续发展的关键。教师数量的增加不仅可以缓解现有教师的教学压力,提高他们的工作积极性和教学效率,还可以为学校注入新的血液和活力,促进教学内容和教学方法的更新与改革。因此,从高职教育发展的角度来看,增加高职院校师资队伍教师数量是刻不容缓的任务。

2. 师资短缺对高职教育的影响

师资短缺会导致教师的教学负担加重,影响教学质量。在师资短缺的情况下,每位教师需要承担更多的教学任务,很难有足够的时间和精力进行备课、教学和科研等工作,从而影响教学质量和效果。其次,师资短缺会制约高职教育的改革创新。教师是教学改革创新的主体和推动者,缺乏足够的教师资源会导致教学改革难以深入推进,影响高职教育的发展。最后,师资短缺会降低高职教育的社会认可度和吸引力。缺乏优秀的教师资源会导致高职教育的社会声誉和吸引力下降,难以吸引到优秀的学生和教师资源,从而形成恶性循环。

(二)教师来源比较单一,从企业调入教师困难

1. 教育经费投入不足制约高职院校师资队伍的规模扩大

高职院校的办学经费有很大部分需要由学校自己筹措,而相关主管部门对高职院校的专项经费投入普遍不足。这使得学校在师资队伍建设上的投入捉襟见肘,难以吸引和留住优秀的教师人才。一方面,学校无法提供具有竞争力的薪资待遇,导致一些优秀的教师选择离开或不愿意来高职院校任教;另一方面,学校缺乏足够的资金用于教师的培训和发展,使得教师的专业素养和教学能力无法得到有效提升。这种情况下,高职院校的师资队伍规模难以扩大,甚至可能出现师资流失的现象,严重影响学校的教学质量和办学水平。

2. 教育经费投入不足影响高职院校师资队伍的结构优化

教育经费的投入不足影响了高职院校师资队伍的结构优化。在经费紧张的情况下,学校往往只能优先考虑招聘和培养急需的教师,而无法根据学校的长远发展规划和学科建设需要来合理配置教师资源。这导致一些学科的教师数量不足,而另一些学科的教师数量过剩。同时,由于缺乏足够的资金支持,学校也难以引进高层次人才和紧缺专业人才,使得师资队伍的结构无法得到有效优化。这种不合理的师资队伍结构不仅影响了学校的教学质量和科研水平,也制约了学校的整体发展。

3. 教育经费投入不足导致高职院校师资队伍的不稳定

教育经费投入不足直接影响了教师的待遇改善,进而影响了师资队伍的稳定。在经费紧张的情况下,学校往往无法为教师提供良好的工作环境和发

展空间,也无法为教师提供具有吸引力的薪资待遇和福利待遇。这使得一些教师感到不满意和失落,选择离开学校或寻找其他更好的发展机会。同时,一些优秀的教师也可能因为薪资待遇和福利待遇的问题而不愿意来高职院校任教。这种情况下,高职院校的师资队伍稳定性受到严重影响,学校的教学质量和办学水平也无法得到有效保障。

(三)"双师型"师资队伍建设和兼职师资队伍建设需要进一步加强

1. 专职教师专业实践能力不足的问题

在高职教育体系中,专职教师扮演着举足轻重的角色。他们的专业素养和实践能力,直接影响着学生的技能培养和未来职业发展。然而,现实中我们不难发现,尽管各高职院校都强调专职教师需要参与专业实践,但真正能够通过实践锻炼显著提升自身专业实践能力的教师并不多见。导致这种现象的原因是多方面的。一方面,高职院校与企业的合作机制尚未完善,教师很难获得真正贴近行业前沿的实践机会。同时,部分教师由于个人原因或学校安排,缺乏参与实践的内在动力和外部支持。另一方面,专职教师队伍中实践课教师的比例偏低,这也限制了实践教学的深度和广度,教师他们是高职教育的中坚力量,对于培养学生的职业技能和就业竞争力至关重要。

2. 校外兼职教师数量与质量问题

校外兼职教师是高职院校师资力量的重要补充。他们通常来自企业、行业协会或研究机构,具有丰富的实践经验和专业知识。然而,在实际运作中,校外兼职教师的数量和质量都存在一定的问题。从数量上看,高职院校对兼职教师的需求量较强,但符合条件的兼职教师资源却相对有限。这导致兼职教师数量不足,无法满足教学需求。同时,由于兼职教师与学校之间属于松散型合作关系,流动性较大,也给教学管理带来了一定的困难。而从质量上看,校外兼职教师队伍参差不齐。部分教师虽然技术过硬,但缺乏教学经验和教育理念,难以将自身的知识和技能有效地传授给学生。并且,还有一些兼职教师由于本职工作与学校教学安排冲突,无法全身心投入教学工作,影响了教学效果。

3. 青年教师培养工作需要进一步加强

从整体视角来审视,青年师资队伍在高职院校中展现出的基本面貌是积极向上的。他们大多数思想开放,积极向前,品德操守高洁,对待工作态度认真,业务能力也相对扎实。这些优秀的品质和能力,为高职院校的教学和科研工作注入了新的活力,也为学生的成长提供了有力的支持。然而,在肯定主流的同时,我们不得不正视青年师资队伍中存在的一些问题。这些问题虽然不占据主流,却对青年教师的个人发展和高职院校的整体教学质量产生了一定的影响。部分青年教师在走出校园后,直接进入高职院校从事教育工作,他们对社会的了解相对有限,缺乏社会实践的历练。这使得他们在面对一些实际问题时,可能会感到迷茫和困惑,社会主义理想信念也可能因此而产生动摇。对此,高职院校需要提供更多的社会实践机会,帮助青年教师更好地了解社会,坚定理想信念。

教学经验的不足也是部分青年教师面临的问题。他们可能还没有完全掌握教学的方法和技巧,没有过好"教学关"。这可能会导致他们在课堂上难以有效地传授知识,影响学生的学习效果。因此,高职院校需要加强对青年教师的教学培训,提高他们的教学能力。

二、高职院校师资队伍建设的措施及建议

(一)进一步强化高职院校师资队伍管理建设

1. 完善师资队伍管理制度,构建科学的管理体系

高职院校应建立一套完善的师资队伍管理制度,确保师资队伍的建设与管理有章可循。这套制度应包括教师的招聘、培训、考核、激励、晋升等各个环节,形成一个科学、合理、有效的管理闭环。在招聘环节,高职院校应明确招聘标准,注重应聘者的学术背景、实践经验、教学能力以及职业素养等方面的综合考察。同时,拓宽招聘渠道,吸引更多优秀人才加入高职教育行列。在培训环节,高职院校应制订系统的培训计划,针对不同层次、不同专业的教师提供个性化的培训内容和方式。通过校内培训、校企合作、国内外进修等多种途径,提升教师的专业素质和教学能力。而在考核环节,高职院校应建立科学的考核体系,将定性评价与定量评价相结合,全面、客观地评价教师的工作绩效。同时,将考核结果与教师的薪酬、晋升等挂钩,增强考核的激励作用。并且,在激励环节,高职院校应制定多元化的激励政策,包括物质激励和精神激励两个方面。通过提高教师待遇、设立教学奖励、提供职业发展机会等措施,激发教

师的工作积极性和创造力。

2. 加强"双师型"教师队伍建设,提升实践教学能力

"双师型"教师是指既具备理论教学能力,又拥有实践教学经验的教师。他们是高职教育的中坚力量,对于提升学生的实践能力和就业竞争力具有重要意义。因此,高职院校应加强"双师型"教师队伍的建设。一方面,通过校企合作、产教融合等途径,为教师提供更多的实践锻炼机会。鼓励教师参与企业的技术研发、生产管理等活动,了解行业的最新动态和技术发展趋势。同时,将企业的优秀技术人员和管理人员引入学校,作为兼职教师或实践导师,为学生提供更加贴近实际的实践教学。另一方面,加强对教师的实践教学能力的培养。通过制定实践教学标准、建立实践教学基地、开展实践教学研讨等措施,提升教师的实践教学能力和水平。同时,鼓励教师参加各类职业技能竞赛和创新创业活动,以赛促教、以赛促学,提升师生的实践能力,增强师生的创新意识。

3. 优化师资队伍结构,构建多元化的教学团队

高职院校应注重优化师资队伍结构,构建多元化的教学团队。在年龄结构上,应注重老中青教师的合理搭配,形成稳定的梯队结构。通过引进高层次人才和优秀青年教师,为师资队伍注入新的活力。而在学历结构上,应鼓励教师提升学历层次,提高师资队伍的整体学术水平。在职称结构上,应注重高级、中级和初级职称教师的比例协调,形成合理的职称结构。并且,在专兼结构上,应注重专任教师与兼职教师的比例搭配,充分发挥各自的优势和特长。同时,鼓励教师跨学科、跨专业领域进行合作与交流,形成优势互补、协同创新的良好机制。通过组建教学团队、开展教学研讨、共享教学资源等措施,提升教学团队的凝聚力和战斗力。

(二)加强中青年骨干师资队伍建设和学术梯队建设

1. 优化师资队伍结构,提升整体素质

中青年骨干教师的培养和发展,应从优化师资队伍结构入手。通过制定科学合理的师资队伍建设规划,明确中长期发展目标,形成合理的年龄、学历、职称结构。在招聘环节,需要严格把关,选拔具有扎实学术基础、良好师德师风和较大发展潜力的中青年教师。在提升整体素质方面,应重视中青年教师

的继续教育和在职培训。通过定期举办学术讲座、研讨会、工作坊等活动,为他们提供与国内外同行交流学习的机会。同时,鼓励并支持中青年教师攻读更高学位、参与重大科研项目、到企业或行业一线实践锻炼,以拓宽视野、提升实践能力。

2. 完善激励机制,激发创新活力

要激发中青年骨干教师的创新活力,必须建立一套完善的激励机制。这包括物质激励和精神激励两个方面。在物质激励方面,应合理提高中青年教师的待遇水平,设立各类教学科研奖励基金,对在教学改革、科研创新等方面取得突出成绩的教师给予表彰和奖励。在精神激励方面,应注重营造尊重知识、尊重人才的良好氛围,为中青年教师提供展示才华的舞台和机会。并且,还应建立健全评价体系,对中青年教师的工作绩效进行科学评价。评价体系应兼顾教学、科研、社会服务等多个方面,既要注重数量指标,也要注重质量指标。通过客观公正的评价,引导中青年教师明确努力方向,不断提升自身综合素质。

3. 加强学术梯队建设,促进团队协作

在学术梯队建设中,应明确各级梯队成员的角色和职责,形成高效协作的团队机制。通过设立科研团队、教学团队等组织形式,鼓励中青年教师跨学科、跨领域进行合作与交流,共同攻克重大科研难题。还应重视青年人才的培养和引进。通过实施青年人才计划、博士后流动站等项目,吸引海内外优秀青年人才加盟学科团队。为青年人才提供充足的科研启动经费、实验场地和仪器设备等支持条件,确保他们能够顺利开展科研工作。在团队协作方面,还应注重培养团队协作精神和文化。通过定期组织团建活动、学术交流会议等形式,增强团队成员之间的凝聚力和归属感。鼓励团队成员相互支持、共同进步,形成积极向上的学术氛围。

(三)进一步加快"双师型"师资队伍建设和兼职教师队伍建设

1. 明确"双师型"教师和兼职教师的角色定位及要求

"双师型"教师不仅能够传授给学生扎实的理论知识,还能引导学生将所学知识应用于实践中,培养学生的实际操作能力。因此,在选拔和培养"双师型"教师时,应注重其理论水平和实践经验的双重考核,确保他们具备双重教学能力。而兼职教师则是指在学校教学之外,还从事其他职业或研究的教师。

他们通常具有丰富的行业经验和专业知识,能够为学生提供更为贴近实际的教学内容。在引进兼职教师时,应注重其专业背景和教学能力的匹配度,确保他们能够为学校的教学工作带来实质性的帮助。

2. 完善"双师型"教师和兼职教师的选拔与培养机制

学校可以通过设立专门的选拔委员会,制定明确的选拔标准和程序,确保选拔出的教师既具备扎实的理论知识,又有丰富的实践经验。还可以与相关企业或行业合作,共同选拔和培养"双师型"教师,实现资源共享和优势互补。在培养方面,学校应为"双师型"教师提供多样化的培训和学习机会,如组织校内外的专家讲座、实践技能培训、教学研讨会等,帮助他们不断提升自己的教学水平和实践能力。并且,学校还可以鼓励"双师型"教师参与企业的实际项目或研发工作,以增强其行业敏感度和实践经验。而对于兼职教师的选拔与培养,学校应注重与行业的紧密联系。可以通过建立校企合作平台、参加行业会议等方式,积极发现和引进具有丰富行业经验和教学潜力的兼职教师。而且,学校还应为兼职教师提供必要的教学培训和资源支持,帮助他们更好地融入学校的教学环境,提高教学质量。

3. 优化"双师型"教师和兼职教师的管理与激励机制

要充分发挥"双师型"教师和兼职教师的作用,学校需要优化对他们的管理和激励机制。在管理方面,学校应明确他们的职责和权利,建立合理的教学安排和评价体系,确保他们能够在学校的教学工作中发挥积极作用,还应加强与他们的沟通与协作,及时了解他们的需求和困难,为他们提供必要的支持和帮助。在激励方面,学校可以通过设立专门的奖励基金、提供晋升机会、推荐参加行业会议等方式,激发"双师型"教师和兼职教师的工作热情和积极性。并且,学校还可以建立与他们的长期合作关系,为他们提供稳定的教学环境和资源支持,增强他们的归属感和责任感。

(四)拓宽师资来源渠道,改善教师队伍结构

1. 多种方式招聘策略的实施

在招聘新教师时,应打破传统思维,实施多元化招聘策略。这包括从高校优秀毕业生中选拔人才,吸引具有丰富教育经验和专业技能的在职教师,以及鼓励社会各界优秀人才投身教育事业。而高校优秀毕业生是教育事业的新鲜

血液,他们拥有较新的知识结构和教育理念,能够为学校带来新的活力。因此,学校应加强与高校的合作,通过校园招聘、实习生计划等方式,积极吸引优秀毕业生加入。在职教师具有丰富的教育经验和专业技能,他们的加入可以迅速提升学校的教学水平。学校可以通过公开招聘、人才引进等方式,吸引在职教师加入。同时,还可以设置一定的激励机制,鼓励在职教师进行校内外的学术交流和教育合作,以促进教育资源的共享和优化配置。

社会各界优秀人才也是拓宽师资来源的重要渠道,他们可能来自不同的行业和领域,但都具有出色的专业素养和教育潜能。学校可以通过社会招聘、特聘教授等方式,吸引这些优秀人才投身教育事业。他们的加入不仅可以丰富教学内容和方法,还可以为学生提供更多的实践机会和职业发展指导。

2. 改善高职院校师资队伍结构

在师资队伍年龄结构方面,应注重老中青教师资源配置。相对而言,老年教师不仅具有丰富的教学经验,还具相对充足的教育资源,中年教师是教学骨干和管理中坚,青年教师则具有较新的教育理念和较强的创新能力,通过合理的配置,可以形成优势互补、协同发展的良好机制。而在教师队伍学历结构方面,应提高教师的整体学历层次。高学历教师通常具有更深厚的学术素养和更广阔的学术视野,能够为学生提供更高质量的教学和指导。因此,学校应鼓励教师在职攻读硕士、博士学位,同时积极引进高学历人才,以提高教师队伍的整体学历水平。在职称结构方面,应建立完善的职称评审和晋升机制。通过科学公正的评审和晋升程序,选拔出具有真才实学和突出贡献的优秀教师,给予他们相应的职称和待遇。这不仅可以激发教师的工作热情和积极性,还可以提升学校的学术声誉和社会影响力。

3. 教师培训和发展的重视

教师培训和发展是拓宽师资来源、改善教师队伍结构的重要手段。学校应建立完善的教师培训体系,为教师提供多样化的培训和发展机会。一方面,应加强对新教师的入职培训。通过岗前培训、教学实习等方式,帮助新教师熟悉教学环境、掌握教学方法和技巧、了解学校文化和管理制度,为他们顺利开展教学工作打下良好基础。另一方面,应重视在职教师的继续教育和专业发展。通过组织校内外的学术交流、参加专业研讨会、安排教师进修等方式,帮助在职教师不断更新知识结构、提高专业素养和教育能力。同时,还应鼓励教师开展科研活动和社会服务,以提升他们的学术水平和社会影响力。

第四章　教师教学设计能力建设

第一节　高职教育的教学模式

一、"一体化、多层次、开放式"教学模式的创建

（一）一体化的教学设计

一体化教学设计追求的是教学环节的无缝对接和高效协同。这不仅要求教学目标、内容、方法和评价之间的内在一致性，还强调它们之间的动态调整和优化。在教学目标上，一体化设计注重目标的明确性、可操作性和可评价性。目标不仅是教学的起点，也是整个教学过程的导向。在教学内容上，强调知识的系统性、连贯性和实用性，避免知识的碎片化和孤立化。同时，注重将理论知识与实践技能相结合，培养学生的综合应用能力。在教学评价上，注重评价的多元性、过程性和发展性，旨在全面、真实地反映学生的学习情况和进步。并且，一体化教学设计还强调教师、学生和教学环境之间的相互作用和影响。教师是教学的设计者和组织者，需要充分发挥主导作用；学生是学习的主体和参与者，需要积极参与教学过程；教学环境是教学的物质基础和条件保障，需要提供良好的学习氛围和资源支持。

（二）多层次的教学实施

多层次教学实施的核心是因材施教和个性化教育。它要求教师深入了解学生的个体差异和学习需求，然后根据学生的实际情况制订相应的教学计划和方案。在实施多层次教学时，教师需要对学生进行科学、合理的分层分类。这可以通过多种方式进行，如诊断性测试、问卷调查、观察法等。通过分层分类，教师可以更好地了解学生的学习基础、学习风格、兴趣爱好等方面的差异，从而为不同层次或类别的学生提供更适合他们的教学。对于基础较好的学

生,教师可以采用更高层次的教学内容和教学方法,引导他们进行深入学习和探究;对于基础较差的学生,教师则需要采用更为基础的教学内容和教学方法,帮助他们打牢基础、逐步提升。同时,教师还需要关注学生的学习动态和进步情况,及时调整教学策略和方案,以确保每个学生都能得到适合自己的教育。

(三)开放式的教学环境

开放式教学环境旨在打破传统教室的局限,将教学延伸到课堂之外,构建一个更为广阔、自由的学习空间。这种教学模式强调教学的社会性和情境性,注重培养学生的自主学习能力和创新精神。在开放式教学环境中,教师需要充分利用各种教学资源和技术手段,为学生提供丰富的学习材料和实践机会。例如,利用图书馆、实验室、网络等资源,引导学生进行自主学习和探究学习;通过社会实践、志愿服务等活动,增强学生的社会责任感和实践能力。并且,教师还需要注重培养学生的自主学习能力和合作精神。自主学习能力是学生终身学习和持续发展的基础,合作精神则是现代社会对人才的基本要求。教师可以通过小组讨论、合作学习、项目式学习等方式,培养学生的自主学习能力和合作精神,使他们在开放的环境中学会学习、学会合作、学会创新。

二、"一体化、多层次、开放式"教学模式架构

在教育教学领域,"一体化、多层次、开放式"教学模式的架构(如图4-1所示)正逐渐受到广泛关注与实践。这一架构不仅是对传统教学方法的革新,更是对未来教育趋势的积极回应。其核心内容在于打破传统的教学界限,将"教、学、做"三者紧密融合,形成一种全新的教学方法。在这种教学模式下,"教"不再是单向的知识传授,而是与"学"和"做"相互交织、互为支撑的过程。教师通过精心设计的教学任务和项目,引导学生主动学习、积极实践,将理论知识转化为实际操作能力。这种教学方法强调学生的主体性,鼓励他们通过亲身实践来探索知识、发现问题、解决问题,从而真正实现对知识的深度理解和掌握。

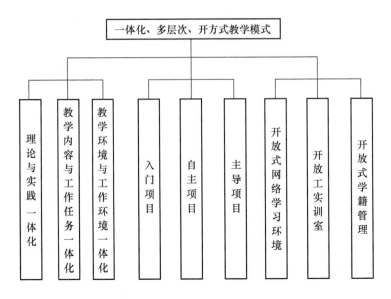

图4-1 "一体化、多层次、开放式"教学模式架构图

三、"教、学、做"一体化教学方法的建立

(一)转变教学思想与教学理念

在传统的学科体系之下,课程教学设计的基石无疑是教学大纲。教学大纲作为教学指导文件,不仅明确了某一门课程的核心使命和预期目标,而且基于学科的内在知识逻辑,细致地梳理了与前置课程和后续课程之间的衔接关系。它像一张知识地图,为教师和学生勾勒出各章节知识的要点、疑难点,为师生的教与学提供明确的方向。同时,教学大纲对于课程的教学实施具有规范作用。它建议了本门课程应当遵循的教学原则,并详细规划了学时分配,如理论讲授、问题研讨、实验操作以及其他各种实践性学习活动的时间比例。这些细致的规划确保了教学过程的系统性和完整性。无论是教材的选用、教学参考书的编纂,还是日常授课计划的制订,乃至学生的成绩评定、教学质量的检查以及课程的总体评估,都以教学大纲为准绳。然而,在教育教学理念不断革新的背景下,课程标准逐渐崭露头角,成为教学设计的又一个重要依据。与教学大纲不同,课程标准更加注重学生的学习体验和成果。它旨在明确学生在完成一段时间的学习后,应该掌握哪些知识和技能,能够解决什么问题,达

到何种水平。课程标准主要包括内容标准和表现标准两部分。内容标准界定了学习的领域和范围,而表现标准则规定了学生在这些领域内应达到的具体水平。

教学大纲更多地从教师的角度出发,强调教师应该教什么、如何教以及教到什么程度。它注重的是知识的传授和教学的规范性。而课程标准则从学生的角度出发,关注学生的学习过程和学习成果。它强调学生应该学什么、通过学习能够获得哪些能力,以及这些能力如何在实际生活中得到应用。这种转变体现了教育教学理念从以教师为中心向以学生为中心的转变,更加符合现代教育的发展趋势。

在课程教学设计中,课程标准的应用具有深远的意义。它要求教师在设计教学过程时,更加注重学生的实际情况和学习需求,更加注重培养学生的实践能力和创新精神。同时,课程标准也要求学生在学习过程中更加积极主动地参与,更加注重知识的理解和应用,而不仅仅是记忆和背诵。

(二)教学环境的创设

"教、学、做"一体化教学方法的实施需要良好的教学环境作为支撑,这种教学环境要具有开放性特点,能够容纳多种教学资源和教学方式;要具有互动性特点,能够促进师生之间的交流和合作;要具有实践性特点,能够提供丰富的实践机会和实践资源。为了创设这样的教学环境,给学生营造良好的学习氛围,学校需要加大对教学设施的投入,建设多媒体教室、实验室、实践基地等现代化教学场所。并且,学校还需要注重教学资源的整合和共享,打破学科和专业的壁垒,实现教学资源的优化配置和高效利用。学校还需要注重校园文化的建设,营造积极向上的学习氛围和创新创业的文化氛围。通过举办各种学术讲座、科技竞赛、文化活动等,激发学生的学习热情和创造力,培养学生的团队合作精神和社会责任感。

(三)教学过程的实施

新型教学模式下,教师需要根据教学目标和学生的实际情况,选择具有代表性和实用性的教学内容,并设计合理的教学方案和教学流程,还需要注重教学内容的更新和拓展,及时将最新的科研成果和实践经验引入课堂,丰富教学内容和形式。而且,教师需要灵活运用多种教学方法和手段,如讲授、讨论、案例分析、实验操作等,以激发学生的学习兴趣和动力。同时,教师还需要注重教学方法的创新和改进,不断探索适合学生特点和学科特点的教学方法。并且,教师需要建立多元化的教学评价体系,注重过程性评价和表现性评价相结合,全面评价学生的学习成果和能力水平。同时,教师还需要注重教学评价的反馈和改进作用,及时调整教学策略和方法,提高教学效果和质量。

第二节 高职课程的教学设计与教学方法

一、课程及课程体系

(一)课程的基础理解与重要性

课程,作为教育活动的核心组成部分,其本质是知识、技能、情感态度与价值观传递的媒介。它不仅涵盖了学科内容的广度与深度,还涉及教学方法、教学资源以及教学评价等多个方面。课程的设计与实施,直接关系到学生的学习成效和未来发展。在传统观念中,课程往往被视为学科知识的载体,教师按照既定的教学大纲和教材进行授课,学生则通过听讲、记忆和练习来掌握知识。然而,随着教育理念的更新和教学实践的深入,课程的内涵和外延都在不断扩展。现代课程观强调课程的综合性、实践性和创新性,注重培养学生的综合素质和批判性思维能力。课程的重要性不言而喻。它是实现教育目标的主要途径,是连接教师与学生的桥梁,是促进学生全面发展的有力保障。通过课程的学习,学生不仅能够掌握学科知识和技能,还能够形成正确的世界观、人生观和价值观,提升自我认知和社会适应能力。

(二)课程体系的构建与发展趋势

课程体系是由一系列相互关联、相互支持的课程组成的有机整体。它反映了学校教育的整体设计和发展方向,是实现教育目标的重要载体。课程体系的构建需要遵循一定的原则和方法,包括科学性、系统性、适应性和创新性等。科学性是指课程体系的构建要基于对学生身心发展规律和教育规律的深入研究,确保课程设置符合学生的认知特点和学习需求。系统性则要求课程体系内的各门课程之间要相互衔接、相互支撑,形成完整的知识体系和技能体系。适应性强调课程体系要能够适应社会发展和科技进步的需求,不断更新课程内容和教学方法。创新性则鼓励课程体系在遵循基本原则的前提下,大胆尝试新的课程理念、教学模式和评价方式。

现代课程体系注重跨学科的整合,打破传统学科之间的界限,将不同学科的知识和技能进行有机融合,形成更具综合性和实践性的课程内容。这种综合化的课程内容有助于培养学生的综合素质和解决问题的能力。而且,模块化课程设计是一种灵活、高效的教学方式,它将课程内容划分为若干个相对独立的教学模块,学生可以根据自己的兴趣和能力选择不同的模块进行学习。这种模块化的课程结构有助于满足学生的个性化需求,提高教学效果和学习效率。并且,个性化教育是当前教育改革的重要方向之一,它强调尊重学生的个体差异和特长爱好,为每个学生提供量身定制的教育方案。在课程实施过程中,教师需要关注学生的学习需求和兴趣爱好,采用多样化的教学方法和手段,激发学生的学习兴趣和积极性。

二、课程教学设计

(一)设计及编制课程教学文件

1. 课程教学标准

在传统的学科体系之下,课程教学设计的根基无疑是教学大纲。这份纲领性文件不仅界定了本门课程的核心使命和预期目标,而且依据学科的内在逻辑和知识体系,细致地梳理了各章节的要点、难点与重点。同时,它还为教学的组织实施提供了原则性指导,明确了学时分配,包括讲授、习题演练、实验操作以及其他实践性环节的时间比例。可以说,教学大纲是教材选择、教学参考书目编纂、授课计划制订、成绩评定、教学质量检查以及课程整体评估等各个环节的共通准则和行动指南。然而,在现代教育理念的影响下,课程标准逐渐崭露头角,成为与教学大纲并行不悖的重要参照。课程标准更加注重从学生的角度出发,强调学习成果的可衡量性和可达成性。它明确界定了学生在某个领域的学习中应当掌握的知识和技能,以及应达到的认知水平和实践能力。这种标准通常包括内容标准,即划定学习的知识范围和技能领域,以及表现标准,即规定学生在这些领域中应达到的具体成就水平。

与教学大纲相比,课程标准的核心理念发生了显著变化,课程标准将重心转移到了学生的"学",强调学生的主体地位,关注学生通过学习能够获得的能力提升和素质发展。这种转变体现了现代教育由"教师中心"向"学生中心"的演进,也是当前课程教学设计的重要出发点和落脚点。在这一理念的指导下,课程教学设计更加注重激发学生的学习兴趣和内在动力,倡导自主学习、合作学习和探究学习等多样化学习方式。同时,教学设计也更加注重对学生学习过程的评价和反馈,以便及时调整教学策略,帮助学生更好地实现学习目标。这种以学生为中心的教学设计,不仅有助于提高学生的学习效果,也有助于培养学生的创新能力和终身学习能力,为他们未来的发展奠定坚实基础。

2. 授课计划

授课计划作为某门课程在某学期的总体蓝图,其重要性不言而喻。它详尽地展现了课程内容的布局、学时的合理分配以及每个学时内应达到的教学目标。这份计划不仅为教师提供了清晰的教学方向,而且为学生勾勒出了明确的学习路线图。深入探究授课计划的内容,我们可以发现其丰富性和系统性。课程内容被精心地划分为若干个模块或单元,每个模块都承载着特定的知识点和技能点。学时安排则体现了教师对教学节奏和进度的把控,既保证了内容的完整性,又兼顾了学生的学习负担。而分学时课程目标则是对每个学时教学效果的预期,它们像是一盏盏指路灯,指引着师生朝着既定的教学目标前进。

从宏观角度看,它规定了课程的整体框架和授课内容,确保了教学的系统性和连贯性。同时,通过明确教学目标,授课计划帮助教师聚焦教学核心,避免了偏离主题的情况发生。从微观角度看,授课计划为每一堂课的教学提供了具体的实施方案,包括教学方法的选择、教学资源的利用以及师生互动的设计等,从而确保了每一堂课都能有效地促进学生的学习和发展。而且,在教学活动开始前,教师需要根据授课计划做好充分的准备,包括教学材料的准备、教学环境的布置以及学生学情的分析等。在教学过程中,教师需要对照授课计划检查教学进度和效果,及时调整教学策略以满足学生的学习需求。在教学结束后,授课计划则为教学评价提供了参考标准,帮助教师反思教学过程并总结经验教训。

3. 教案

教案,这一被广大教育工作者所熟知的教学工具,承载着教师对于每一堂课的精心构思和细致规划。它是教师为了确保顺利进行教学活动和有效达成教学目标,而根据课程教学标准精心制作的一份实用性教学文书。每一份教案都是教师智慧的结晶,是他们对于教育事业的热爱和对于学生成长的关注的具体体现。教案通常以课时或课题为单位进行设计,这样的划分使得教学内容更加集中,教学目标更加明确。在每个课时或课题内,教师会对教学内容进行详细的梳理和安排,确保知识点的连贯性和系统性。同时,他们还会精心设计教学步骤,从导入新课到讲解重点难点,再到巩固练习和课堂小结,每一个环节都经过深思熟虑,旨在引导学生逐步深入理解和掌握所学知识。

除了教学内容和教学步骤外,教案中还会明确标注所采用的教学方法。教学方法的选择直接关系到教学效果的好坏。因此,教师在设计教案时会根据学生的年龄特点、认知水平和学科特点等因素,灵活选择讲授法、讨论法、演示法、实验法等多种教学方法,以激发学生的学习兴趣和探究欲望,提高他们的学习积极性和主动性。

值得一提的是,教案的设计一般以 2 学时内容为一个单元,这样的安排既符合学生的认知规律,又有利于教师对教学内容的整体把握。在每个单元内,教师会围绕一个或几个核心知识点展开教学,通过一系列的教学活动帮助学生掌握重点、突破难点。这种以单元为单位的教学设计,被称为课程单元设计,它是教案的重要组成部分,也是教师进行教学活动的重要依据。

(二)教学组织设计

1.确定课程教学的能力目标

在职业教育的广阔天地中,课程实施的核心目标往往紧密围绕着职业岗位的实际需求。这种需求并非空洞或抽象,而是具体、明确且可检验的。它要求我们在设计课程时,必须以职业岗位所需的能力为导向,确保学生在完成学业后能够迅速适应工作岗位,成为具备专业技能和职业素养的合格人才。当我们谈论"学生能用××做××"时,实际上是在强调一种以能力为本位的教育理念。这里的"做",并不是简单地指学生掌握了某些知识或理论,而是指他们具备了运用所学知识解决实际问题的能力。这种能力目标的规定,远比单纯的知识掌握更为重要,因为它直接关系到学生未来在职场上的表现和发展。举个例子来说,如果一门课程的能力目标是"学生能用编程语言编写一个简单的网页应用",那么这就意味着学生不仅需要理解编程语言的基本概念,还需要掌握如何运用这些概念进行实际的编程操作。这样的目标设定,既体现了职业岗位对编程能力的具体要求,也为学生提供了明确的学习方向和检验标准。

与传统的以知识传授为主的教育模式相比,以能力目标为导向的职业教育更加注重实践性和应用性。它要求教师在教学过程中不仅要传授知识,更要注重培养学生的实际操作能力和问题解决能力。同时,这种教育模式也要求学生在学习过程中不仅要掌握知识,更要学会如何运用所学知识去解决实际问题。

2. 从教材到课程的内容改造

在教育教学领域,尤其是职业教育中,我们经常强调一个核心理念:对既有教材和基础内容进行二次开发。这不是简单的照本宣科,而是要求教师在授课过程中,根据实际需要对教材内容进行灵活的处理和再创造。这既是对教师职业素养的考验,也是提升教学质量、培养学生实际工作能力的关键所在。讲课不等同于念教材,这一点尤为重要。教材是知识的载体,但它并不是一成不变的。教材的内容往往需要根据时代的发展、技术的进步以及职业岗位的实际需求进行相应的调整。因此,教师在授课时,必须摆脱对教材的过度依赖,学会对教材内容进行取舍和重组。这意味着,教师不仅要深入理解教材的知识点,还要了解这些知识点在实际工作中的应用场景,从而确定哪些内容是必须掌握的,哪些是可以作为拓展了解的。

课程的设计应围绕职业活动的工作过程来展开,而不应简单地按照教材的章节顺序进行。这样的设计更贴近实际工作流程,有助于学生更好地理解知识点之间的内在联系,形成完整的知识体系。同时,以工作过程为导向的课程设计也更有利于培养学生的实际操作能力和问题解决能力,为他们未来走上工作岗位打下坚实的基础。要实现这一转变,教师需要具备较高的专业素养和敏锐的职业洞察力。他们需要时刻关注行业动态和技术发展趋势,了解职业岗位对人才知识、能力和素质的新要求。在此基础上,教师才能对教材内容进行恰当的取舍和补充,确保所讲授的内容既符合教学大纲的要求,又能满足学生的实际需求。

3. 对选取的内容进行课程化

在职业教育的教学过程中,分学时按序列安排课程内容显得尤为重要。这种安排并非简单地划分课时,而是需要深入剖析每一课程单元的核心技能点和知识点,确保学生在每个阶段都能获得必要的技能和知识。这一环节对于老师来说,既是对专业能力的考验,也是对教学创新能力的挑战。

在传统的课程教学中,老师往往侧重于知识的传授,但职业教育更注重学生实际操作能力和解决问题能力的培养。因此,在确定每一课程单元的技能点和知识点时,老师需要深入思考这些技能点和知识点如何与实际工作场景相结合,如何转化为具体的任务和项目。这就引出了职业教育教学改革中的一个关键问题:如何选择和设计适合的任务驱动式项目载体。一个好的项目载体不仅能有效地训练学生的职业岗位综合能力,还能激发学生的学习兴趣,促使他们主动学习和探索。一般来说,老师需要选择和设计一个或几个贯穿整个课程的大型项目,这些项目要紧密围绕职业岗位的实际需求,涵盖课程的主要技能点和知识点。

在这过程中,学生能力的培养是一个循序渐进的过程,需要不断地进行实践和反思。因此,在设计和实施大型项目的同时,老师还需要尽可能地设计一些单项训练。这些单项训练可以针对某个具体的技能点或知识点,帮助学生在实践中掌握和运用所学知识。这就像是通过反复练习和磨炼,使学生能够逐渐掌握各项技能,最终达到熟能生巧的境地。

三、课程的教学方法——行为引导型教学法

(一)行为引导型教学法实施的技巧

1. 教师要进行角色转变

在教育教学领域,教师的角色转变已经成为一个不可忽视的趋势。传统的教师角色往往是单纯的知识讲解者和复制者,他们通过单向交流模式向学生传授知识,而学生则被动地接受。然而,随着教育理念的不断更新和教学方法的改进,这种传统的教师角色和教学模式已经难以满足现代教育的需求。

现代教育理念强调学生的主体性和合作性,认为学生应该通过意义建构的方式获得知识,而不应被动地接受教师的讲解。因此,教师的角色也需要从单纯的知识讲解者转变为引导者和促进者。他们需要引导学生通过自主学习、合作学习等方式,探索知识的本质,培养学生的创新能力和批判性思维。在这种背景下,双向交流模式逐渐成为教学的主流模式。这种模式强调教师和学生之间的互动和合作,鼓励学生之间的讨论和交流。教师不再是课堂的主宰者,而是变成了学生学习的伙伴和引路人。他们关注学生的需求和兴趣,倾听学生的想法和意见,尊重学生的个性和差异。

在双向交流模式中,教师的角色发生了显著的变化。他们不再是单纯的知识传授者,而是变成了学生学习的引导者和促进者。教师需要掌握一定的引导技巧和方法,帮助学生发现问题、分析问题、解决问题。同时,教师还需要关注学生的情感和心理状态,为学生提供情感支持和心理辅导。

2. 按学习领域的要求编制好教学文件、明确教学要求、安排好教学程序

在教学准备阶段,教师的首要任务是确定通过哪些主题来实现教学目标。这需要对学习领域进行深入的分析,理解其内在的逻辑结构和知识体系,从而提炼出能够支撑教学目标的核心主题。这些主题既是教学的重点,也是学生学习的主线。围绕这些主题,教师可以进一步设计教学内容、教学方法和教学评价,确保整个教学过程的连贯性和有效性。在教学过程中,教师需要灵活运用各种教学工具和手段,使学生的学习变得直观易懂、轻松高效。卡片、张贴板和多媒体教学设备等现代教学工具的运用,不仅可以激发学生的学习兴趣,还可以帮助他们更好地理解和掌握知识。例如,通过卡片和张贴板,教师可以将复杂的知识点简化成图文并茂的形式,便于学生记忆和理解;而多媒体教学设备则可以为学生提供更加丰富和立体的学习资源,使他们在轻松愉快的氛围中掌握知识。

在这个过程中,教师的角色发生了微妙的转变。他们不再是传统的知识传授者,而是变成了学生学习的引导者和支持者。他们像导演一样,为学生搭建了一个充满挑战和机遇的舞台,让学生在这个舞台上自由发挥、充分展示。而学生也在这个过程中逐渐成长为自主学习的主人,他们不仅掌握了知识,还学会了如何学习、如何合作、如何创新。这种以学生为主体的职业教育思想,充分体现了现代教育的理念和追求。它强调学生的主体性和主动性,注重培养学生的实践能力和创新精神。在这种教育思想的指导下,教师需要不断更新教育观念,提升教学能力,努力成为学生学习的良师益友。而学生也需要积极参与到教学过程中来,充分发挥自己的主观能动性,努力成为自己学习的主人。

3. 组织教学时,教师应建立以学生为中心的教学组织

为了更好地实现职业教育所强调的关键能力,特别是社会能力的培养,教师需要为学生组织和编制好学习小组,建立起以学生为中心的教学组织。这种组织形式不仅有助于激发学生的学习兴趣和主动性,还能让他们在团队合作中锻炼沟通、协作、解决问题等社会能力。学习小组的组建并非随意搭配,而是需要教师根据学生的个性、能力、兴趣等多方面因素进行精心设计和安排。每个小组都应该是一个多元化的团队,成员之间能够互补、互助,共同面对学习任务和挑战。在这样的团队中,学生不仅要为自己的学习负责,还要为团队的学习成果负责,这种责任感会促使他们更加积极地参与到学习中来。

以学生为中心的教学组织则要求教师在教学过程中充分尊重学生的主体地位,把学习的主动权交给学生。教师不再是课堂的主宰者,而是变成了学生学习的引导者和支持者。他们需要关注学生的学习需求,倾听学生的想法和意见,为学生提供必要的学习资源和指导。在这样的教学组织中,学生的学习变得更加自主、灵活和多样化。而团队学习的形式不仅能够提高学生的学习效率,还能培养他们的社会能力。在团队合作中,学生需要学会如何与他人沟通、如何协作完成任务、如何解决团队内部的冲突等。这些社会能力对于他们的未来职业发展至关重要。因此,教师在教学过程中需要注重培养学生的团队精神和合作意识,让他们学会在团队中发挥自己的优势,为团队的成功做出贡献。

(二)三种行为引导型教学的主要方法

1. 案例教学法

案例教学法在现代教育中占据着举足轻重的地位,它以其独特的魅力和实效性,在培养学生的创新思维和解决问题能力方面发挥着不可替代的作用。这种方法的核心理念在于,通过引入一个具体的案例,让学生在深入讨论和思考的过程中,激发他们的创造潜能,进而提升他们的综合素质。在案例教学法的实施过程中,案例设计无疑是最为关键的一环。一个优秀的案例,不仅能够紧密贴合教学目标,还能够真实反映实际情境,引发学生的深度思考。案例应该具有一定的典型性和代表性,能够涵盖所要教授的知识点和技能点,同时又能够引发学生的兴趣和好奇心。此外,案例的难易程度也需要适中,既要有一定的挑战性,又不能过于超出学生的认知范围,以确保学生能够在探讨中有所收获。

一个好的案例不应该只有一个固定的答案,而应该能够引发学生从不同的角度进行思考和讨论。这样的设计有助于培养学生的发散性思维和批判性思维能力,使他们在面对问题时能够灵活运用所学知识,提出富有创造性的解决方案。同时,案例设计还需要注重情境的真实性和问题的实际性。通过将案例与现实生活紧密结合,可以让学生在分析案例的过程中,更好地理解理论知识的实际应用,从而提高他们的问题解决能力。此外,真实的情境也有助于增强学生的学习体验,使他们在学习过程中更加投入和专注。

2. 角色扮演教学法

角色扮演教学法,作为一种同时深植于个人与社会层面的创新教学模式,在现代教育领域中逐渐展现出其独特的价值和意义。该方法不仅致力于知识的单向传授,更注重在模拟的现实场景中,通过角色扮演的方式激发学生的主动参与和深度思考。其核心在于,通过身临其境的角色体验,使学生能够从一个全新的视角去理解和分析问题,进而提升他们的综合素质和应对未来挑战的能力。

在角色扮演教学法的实施过程中,教师往往会根据教学内容和目标,精心设计一个或多个与现实生活紧密相关的场景,并为每个学生分配特定的角色。这些角色可能是医生、律师、企业家、政府官员等,每个角色都有其独特的职责和决策空间。学生需要在充分理解角色背景的基础上,通过角色扮演来模拟现实生活中的各种情况和问题。这种教学方法的优势在于,它能够让学生在模拟的实践中学习和成长。通过扮演不同的角色,学生不仅可以了解到各种职业的基本知识和技能,还能够培养解决问题、沟通协作、创新思维等多方面的能力。同时,角色扮演还能够帮助学生更好地理解社会规范和价值观,提升他们的社会责任感和道德意识。值得注意的是,角色扮演教学法并不是简单地让学生"玩游戏"或"表演"。在实施过程中,教师需要对学生进行适时的引导和反馈,确保学生能够从中获得真正的收获。并且,教师还需要根据学生的表现和反馈,不断调整和优化教学方案,以确保教学效果的最大化。除了上述提到的优势外,角色扮演教学法还能够有效激发学生的学习兴趣和动力。相比于传统的灌输式教学,角色扮演更能够吸引学生的注意力,使他们在轻松愉快的氛围中主动学习。同时,通过与其他同学的互动和合作,学生还能够培养团队精神和合作意识,为未来的职业发展打下坚实的基础。

3. 项目教学法

项目教学法,作为现代教育理念下的一种创新教学模式,以其独特的实践性、综合性和合作性,在培养学生的综合素质与职业技能方面展现出了显著的优势。该方法强调通过师生共同实施一个完整的或真实的项目工作来组织教学活动,使学生在实际操作中学习、在解决问题中成长,从而实现对知识技能的深度理解和有效运用。在项目教学法的实施过程中,采用小组工作的方式是其核心特色之一。这种工作方式不仅有助于培养学生的团队合作精神和沟通能力,还能够激发学生的创造力和竞争意识。小组成员之间需要共同制订计划,明确项目的目标、任务、时间节点等关键要素,确保项目的顺利进行。同时,根据每个人的特长和兴趣,小组成员可以共同或分工完成整个项目的不同部分,实现资源的优化配置和效率的最大化。

在项目教学法的实践中,教师的角色发生了重要的转变。他们不再是传统的知识传授者,而是变成了项目的引导者、协作者和评估者。教师需要为学生提供必要的资源和指导,帮助他们解决在项目实施过程中遇到的问题和困难。同时,教师还需要对学生的项目成果进行客观、全面的评价,指出其中的优点和不足,促进学生的不断进步。对于学生而言,项目教学法为他们提供了一个展示自我、挑战自我的平台。通过参与项目的实施,学生可以将所学的理论知识应用于实践中,检验自己的学习成果。并且,项目教学法还能够培养学生的自主学习能力和问题解决能力,使他们在面对未来的职业挑战时更加从容和自信。值得注意的是,项目教学法的成功实施需要师生的共同努力和配合。教师需要精心设计项目任务,确保项目的难度和复杂度适中;学生则需要充分发挥自己的主观能动性,积极参与到项目的实施过程中。只有这样,才能实现项目教学法的目标和价值,培养出更多具有创新精神和实践能力的人才。

第三节　"U-G-S"教育模式的运用

一、"U-G-S"教育模式的概述与意义

(一)"U-G-S"教育模式的概述

"U-G-S"教育模式,作为一种富有创新性和前瞻性的教育理念,旨在构建一种协同合作的教育生态系统。这一模式突破了传统教育体系中各自为政、资源分散的局限性,强调高校、政府和中小学之间的紧密合作与互动,以促进教育资源的优化配置、提升教育教学的质量与效果,并最终实现学生全面而有个性的发展。在"U-G-S"教育模式中,高职院校以其深厚的学术积淀和科研

实力,扮演着理论引领、实践指导和专业支持的重要角色,不仅为高职学生提供最新的教育理念、教学方法和课程资源,还通过教师培训、科研合作等方式,提升教师队伍的专业素养和学校的整体办学水平。并且,高职院校还通过合作机制,将其理论研究成果应用于实际教学中,以检验理论的可行性和有效性,从而推动教育理论的不断创新和发展。

(二)"U-G-S"教育模式的意义

高职院校作为高等教育的重要组成部分,承担着为社会培养高素质技术技能人才的重要使命。然而,在过去的教育实践中,高职院校往往面临着诸多挑战,如教育资源不足、与企业行业脱节、学生实践机会有限等。而"U-G-S"教育模式的引入,为高职院校破解这些难题提供了新的思路和路径。在"U-G-S"教育模式中,大学作为知识的创造者和传播者,拥有丰富的教育资源和研究实力。对于高职院校而言,与大学的合作意味着能够获取更多的优质教育资源和先进的教学理念。通过与大学的合作,高职院校可以提升自身的教学水平和质量,为学生提供更加全面和深入的专业知识教育。同时,大学的科研成果和创新能力也可以为高职院校的教学改革和专业建设提供有力的支持。

除了与大学、政府的合作,"U-G-S"教育模式还强调高职院校与企业行业的合作。在当今社会经济快速发展的背景下,企业对于人才的需求越来越迫切,而高职院校作为培养技术技能人才的重要基地,与企业行业的合作显得尤为重要。通过与企业的合作,高职院校可以及时了解市场动态和人才需求,调整专业设置和课程体系,使其更加符合社会需求。同时,企业也可以为高职院校提供实习实训基地、师资培训和技术支持等方面的帮助,推动高职教育的产教融合和校企合作向更深层次发展。

二、"U-G-S"教育模式的运用基础

(一)哲学基础:"知行统一"的学习观

哲学基础上的"知行统一"学习观,是一种深刻反映人类认知与实践相互关系的重要理念。它强调知识与行动之间的紧密联系,认为真正的知识不仅仅是理论上的认知,更应该是实践中的体悟与应用。这种学习观在东西方哲

学中都有着悠久的历史渊源,对于指导我们的学习与生活具有重要的现实意义。在"知行统一"的视野下,知识不再是孤立存在的理论体系,而是与人的实践活动紧密相连的。这是因为知识本身就源自人类的实践经验,是对世界的理性把握和抽象概括。因此,真正的知识学习不能仅仅停留在书本和理论上,更应该通过实践活动来加以检验和深化。只有在实践中不断摸索、不断试错,我们才能真正理解知识的内涵,把握其精髓,从而将其转化为自己的智慧和力量。

在知行统一的过程中,行动是知识的延伸和应用,是检验知识真理性的唯一标准。只有通过实际行动,我们才能将知识转化为现实的力量,实现知识的价值。而且,行动本身也是一种学习,它可以让我们在实践中不断发现问题、解决问题,从而不断完善和丰富我们的知识体系。"知行统一"学习观的现实意义在于,它为我们提供了一种科学的学习方法论。在当今信息爆炸的时代,我们面临着海量的知识和信息,如何有效地学习和应用这些知识成为一个亟待解决的问题。而"知行统一"则为我们指明了方向,它告诉我们学习不仅仅是获取知识,更重要的是将知识转化为实践的能力。只有这样,我们才能在复杂多变的现实世界中立足。并且,创新是一个民族进步的灵魂,是一个国家兴旺发达的不竭动力。而创新的源泉就在于"知行统一"的过程中。只有敢于实践、敢于探索,我们才能打破旧有的思维定式和观念束缚,从而发现新的知识和技术,推动社会的进步和发展。

在具体的学习过程中,"知行统一"也给我们提供了很多启示。比如,我们应该注重理论与实践的结合,既要学习书本知识,也要关注社会现实;既要掌握基本原理,也要了解具体案例。而且,我们还应该注重学习的反思和总结,不断从实践中提炼经验、升华认识,从而形成自己的知识体系和智慧结构。

(二)价值追求:"教师教育合作发展共同体"的形成

教师,作为教育的核心力量,其专业发展直接关系到教育质量的提升和教育改革的成败。然而,长期以来,教师在专业成长上往往孤军奋战,缺乏有效的交流与合作。这不仅限制了教师个人的发展空间,也制约了教育整体的进步。因此,构建"教师教育合作发展共同体"成为一种迫切的需求。"教师教育合作发展共同体"的形成,意味着教师们开始跨越学科、学校、地区的界限,共同致力于教育教学的改进与创新。在这个共同体中,教师们分享彼此的经验、知识和资源,相互学习、相互支持,共同探索教育的规律与真谛。这种合作不仅促进了教师个人的专业成长,也推动了学校教育的改进和发展。通过合作,教师们可以集思广益,汇聚智慧,共同解决教育教学中遇到的问题,发展则是合作的必然结果,是教师们在不断交流与合作中实现自我超越和集体进步的过程。

在共同体中,优质的教育资源和经验得以共享,这有助于缩小地区、学校之间的教育差距,促进教育公平。同时,共同体的形成也推动了教育教学质量的提升。教师们在交流与合作中不断完善教学方法、提高教学效果,从而为学生提供更优质的教育服务。并且,在共同体中,教师们敢于尝试新的教学理念和方法,勇于在实践中探索和创新。这种创新精神和实践能力不仅有助于教师的个人发展,也为教育事业的进步注入了新的活力。教师们将个人的发展与教育事业的发展紧密相连,他们愿意为教育事业的进步贡献自己的力量。这种责任感和使命感是推动教师专业成长和教育事业发展的重要动力。

(三)实践载体:"实验区"建设

实践载体:"实验区"建设,作为探索前行、积淀经验的实践土壤,在推动各项改革创新举措的落地生根中,扮演着至关重要的角色。它不仅为理论与实践的结合提供了广阔的舞台,更是检验理念是否先进、措施是否有效的真实试金石。在当下这个变革的时代,无数新兴理念与技术层出不穷,而"实验区"正是我们筛选、磨砺这些宝贵资源的重要场所。

谈及"实验区"的意义,我们不得不提及其所承载的探索与创新功能。在一个充满未知与变数的世界里,任何一项新的理念或技术,在未经实践检验之前,都只能停留在假设与猜想的层面。而"实验区"正是打破这种僵局的关键所在,它为我们提供了一个可控的环境,让我们能够在其中自由地尝试、摸索,进而找到那些真正具有生命力与创新价值的元素。在"实验区"的建设过程中,我们注重的不仅仅是硬件设施的完善,更在于软件环境的打造。这包括但不限于灵活的政策支持、开放的创新氛围,以及高效的资源整合能力。正是这些软实力的支撑,使得"实验区"能够吸引并汇聚众多有志之士,共同为探索未知、推动进步而努力奋斗。

任何一项在"实验区"内取得成功的创新成果,都不会被束之高阁,而是会被积极地推广到更广泛的领域中去。这种由点到面的扩散效应,不仅加速了创新成果的转化应用,也为整个社会的进步注入了源源不断的活力。值得一提的是,"实验区"建设所带来的影响是深远而持久的。它不仅改变了我们对待创新与探索的态度,更在某种程度上重塑了我们的社会结构与生活方式。在"实验区"的熏陶下,越来越多的人开始敢于尝试、勇于创新,这种积极向上的精神风貌,正是推动社会不断前进的强大动力。

第五章　高职教师队伍的自身建设

第一节　高职教师角色定位的理论认同

一、教师教育者的内涵

(一)教师教育者模糊的身份认同

1.基础教育机构中的教师教育者师范生

教师教育者,在基础教育机构中扮演着多重角色。他们既是师范生的导师,又是他们的榜样。作为导师,他们不仅传授学科知识,更教授教学方法、班级管理、学生心理等多方面的教育技能。他们的每一个建议、每一次指导,都能帮助师范生在教学之路上更加稳健地前行。作为榜样,教师教育者的言行举止、教育态度,都深深影响着师范生。他们的教育情怀、对教育的热爱和执着,都会激发师范生对教育的向往和追求。师范生,作为未来的教育者,他们在基础教育机构中接受着全方位的培养。他们不仅要学习学科知识,还要掌握教育技能,更要培养教育情怀。在这个过程中,师范生如同海绵一样,不断地吸收着新的知识、新的技能。他们通过观察、模仿、实践,逐渐形成了自己的教学风格和教育理念。而这一切,都离不开教师教育者的悉心指导和无私付出。

在基础教育机构中,教师教育者与师范生的互动是密切而深入的。他们共同参与到各种教学活动中,如课堂教学、课外辅导、班级管理等。在这些活动中,师范生有机会亲身体验教学的乐趣和挑战,而教师教育者则在一旁给予及时的指导和支持。这种互动模式,不仅有助于师范生快速成长,也让教师教育者更加了解师范生的需求和困惑,从而提供更加有针对性的帮助。值得一提的是,基础教育机构中的教师教育者在培养师范生的过程中,特别注重实践能力的培养。他们鼓励师范生多参与教学实践,如实习、试讲等。通过这些实践活动,师范生能够将所学理论知识应用于实际教学中,从而更加深入地理解教育的本质和规律。同时,这些实践活动也让师范生有机会接触到真实的学生、真实的课堂,从而更加明确自己的教育方向和目标。

2. 教师教育机构中的教师教育者

教师教育者,这一称谓在教育领域中具有特定的内涵与外延。从广义上看,教师教育者涵盖了所有从事教师培养工作的人员,无论是中小学中的教师还是教师进修机构中的教师,他们都肩负着培育新一代教育者的重任。然而,当从狭义的角度去审视教师教育者时,我们会发现他们主要是指那些在高等教师教育机构中,专注于培养师范生的大学教师。这些狭义的教师教育者,通常包括传统意义上教授教育学、心理学以及学科教学法的大学老师。他们在师范生的培养过程中,扮演着举足轻重的角色。他们不仅要传授专业知识,更要引导师范生掌握教育教学技能,培养他们的教育理念和教育情怀。然而,正是这些肩负着重要使命的教师教育者,在国内外却存在着显著的差异。

在我国的高等教师教育机构中,教师教育者的选拔往往注重学术背景和研究能力。因此,很多教师教育者都是由获得博士学位的人担任。这些人通常在学术领域有着深厚的积淀,对教育理论有着深入的研究。然而,由于他们中的很多人没有从事中小学教学的经历,甚至很多没有学科专业背景,这使得他们在培养师范生时,往往更加注重理论知识的传授,而缺乏对实际教学经验的传授。因此,这类人员与其说是教师教育者,不如说是教师教育研究者。他们在培养师范生的过程中,更多的是引导师范生进行教育研究,而不是培养他们成为一名合格的教师。

(二)教师教育者的角色

1. 教师教育者是教师教育知识的生产者

教学、科研和社会服务,作为大学的三大支柱功能,相互依存,相互促进,共同构建了大学的核心使命和独特价值。其中,科研,尤其是知识生产的活动,占据着举足轻重的地位。大学教师,作为知识的探索者、创造者和传播者,其从事科研工作,本质上就是为了推动知识的不断生成和更新。当我们聚焦于教师教育者这一特殊群体时,不难发现,他们在知识生产方面的作用尤为突出。教师教育者不仅承载着培养新一代教育者的重任,更在教师教育知识的生产与创新中扮演着关键角色。他们的工作,不仅关乎个体的成长,更关乎整个教育系统的进步与发展。

在外国的教师教育者专业标准中,有些国家明确提出了教师教育者在知识生产方面的多重职责。被期望在探究与学术研究中发挥领导作用,通过深入的研究和反思,不断扩充教师教育的知识基础。这意味着教师教育者不仅要关注教学实践,更要从实践中提炼出具有普遍意义的教育理论和原则。同时,教师教育者还被要求在课程内容、专业知识、专业技能等方面做出教学表率。他们不仅要是知识的传播者,更要是知识的创新者和示范者。这意味着教师教育者在教学过程中,不仅要传授已有的知识,更要通过自身的实践和研究,生成新的知识,从而推动教师教育领域的不断进步。并且,教师教育者在项目发展中也扮演着重要角色。他们被期望在开发具有缜密性、相关性和深厚理论基础的研究和实践方面发挥领导作用。这意味着教师教育者不仅要关注个体的教学实践,更要关注整个教师教育领域的发展趋势和实践需求,通过引领和推动项目的发展,促进教师教育知识的不断创新和应用。

在教学过程中,教师往往会积累大量的实践性经验,这些经验虽然宝贵,但往往缺乏系统性的总结和提炼。教师教育者的任务就是要从这些实践性经验中提炼出具有普遍意义的教育理论和原则,将其显性化,从而使其能够更好地为广大教师所理解和应用。而且,教师教育者还要将实践性经验提升到理论高度。他们不仅要关注实践本身,更要从实践中发现规律、总结原则,从而推动教育理论的不断创新和发展。通过这样的工作,教师教育者不仅能够提升自身的专业素养和研究能力,更能够为整个教师教育领域的发展做出重要贡献。

作为教师教育者在实践性知识和理论本质知识方面的创生者,他们不仅要关注知识的传播和应用,更要关注知识的创新和生产。他们要通过自身的实践和研究,不断推动教师教育知识的更新和发展,从而满足不断变化的教育需求和实践挑战。教学知识的产生,一方面是为了教师教育和学校产生以新课程形式而产生的实践性知识,另一方面是从研究中产生理论性知识。教师教育者在这两个方面都发挥着重要作用。他们不仅要关注新课程的开发和实施,更要关注新课程背后的教育理念和原则。同时,他们还要通过深入的研究和反思,不断推动教育理论的创新和发展。

2. 教师教育者是教师专业发展的引领者

教师的教育观念是他们理解和看待教育的思想基础,直接影响着他们的教学行为和教育决策。随着教育理论和实践的不断发展，教师需要不断审视和更新自己的教育观念，以更加符合现代教育理念和学生发展需求的方式来开展教育工作。这种观念的更新不仅包括对教学目的、教学内容和教学方法的认识，更涉及对教师角色、学生角色以及师生关系的重新定位。而知识的积累与更新是教师专业发展的另一重要方面。教师作为知识的传播者和学生学习的引导者，必须拥有广博的学科知识和教育知识。学科知识是教师进行教学的基础，而教育知识则是教师有效教学的保障。在快速发展的知识社会，新知识、新技术不断涌现，教师需要保持对知识的持续追求和更新，以适应不断变化的教育环境和学生需求。而且，教师还需要掌握一定的实践性知识，即关于如何教的知识，这是教师专业发展的重要体现。

教师的专业能力包括教学设计能力、教学实施能力、教学评价能力等多个方面。这些能力直接决定了教师的教学效果和教育质量。教师专业发展的过程就是一个不断提升这些能力的过程。教师需要通过对自身教学实践的深入反思，发现自身能力的不足之处，并通过学习和实践来不断提升这些能力。同时，教师还需要具备一定的研究能力，能够针对教育实践中的问题开展研究，以科学的方法解决教育问题，推动教育实践的不断改进和发展。而教师的专业态度包括对教育事业的热爱、对学生的关爱、对教学的认真负责等方面。这些态度是教师做好教育教学工作的前提和基础。并且，教师的专业动机也是推动他们不断追求专业发展的重要因素。教师需要具备强烈的自我提升意愿和成就感，才能够持续不断地投入到专业发展中去。

教师需要具备自我反思、自我规划和自我调控的能力，才能够实现自我专业发展。自我反思是指教师能够对自己的教学实践进行深入的剖析和反思，发现自身存在的问题和不足，并寻求改进的方法。自我规划是指教师能够根据自己的专业发展目标，制订合理的发展计划，并付诸实践。自我调控是指教师能够根据自己的专业发展情况，及时调整自己的发展策略和行为，以确保专业发展的顺利进行。教师专业发展是一个长期而持续的过程，需要教师付出大量的努力和时间。在这个过程中，教师需要保持对教育的热情和对学生的责任感，不断追求自我提升和进步，还需要与教育同行、家长和社会保持密切的沟通和合作，共同推动教育事业的持续发展和进步。只有这样，教师才能够真正实现从非专业人员到专业人员的转变，成为学生心目中的良师益友和教育事业的中坚力量。

3. 教师教育者是教师教育文化的推动者

教师教育文化,这是一个深邃而宽广的领域,它涵盖了教师教育中所有的物质与精神财富,是我们理解和塑造教师教育的关键。从物质的层面看,它包括了教育场所、教学工具、教材等一切可见的教育资源,这些都是教师教育的物质基础,为教育实践提供了必要的支撑。然而,教师教育文化的精髓并不仅仅停留在物质层面,它更深入地涉及了教师的世界观、人生观和价值观等精神层面。

在教师教育领域中,公正、民主、多元等价值观被视为文化的核心组成部分。这些价值观不仅反映了教育的本质要求,也体现了现代社会的基本精神。公正意味着每个教师都有平等的机会获得教育资源和发展空间,不受任何不合理的限制和歧视。民主则强调教师在教育过程中的主体地位,鼓励他们积极参与教育决策和管理,形成开放、包容的教育氛围。而多元则是对教师教育中文化多样性的尊重和包容,它要求教育者承认并欣赏不同的文化背景和教育理念,以此为基础构建丰富多彩的教育生态。在这样的文化背景下,教师教育者肩负着重大的责任。他们不仅要传授知识和技能,更要致力于培养教师的文化胜任力,促进教师教育领域中的社会公正。文化胜任力是指教师在多元文化的社会环境中,能够有效地理解和应对不同文化背景的学生,为他们提供适切的教育支持。这需要教师具备跨文化的视野和敏感性,能够在课程安排、教学、辅导等教育教学过程中做出适当的处理,以满足不同学生的文化需求。

二、教师教育者的信念

(一)教师信念的构建

1. 改变教师态度是构建教师文化的切入点

教师文化作为教育领域的精神内核和价值导向,既涵盖了教师群体的专业素养、教育理念以及行为规范,又深刻地影响着教学环境的品质与学生的发展质量。而教师的态度,则如同一把钥匙,开启了这一内涵丰富的文化建设过程。在教师文化建构的实践中,教师的态度首先体现在他们对待教育事业的基本认知和价值取向上。积极正面的教育态度,能够促使教师对教育的本质有深度理解,从而形成尊重每一个学生的独特性、珍视教育教学过程、追求卓越教学质量的价值观念。这种从内心深处生发出的热情与信念,将有力地推动教师以开放包容的心态接纳新的教育理念,勇于探索创新的教学方法,并在日复一日的教学活动中体现出对教育事业的执着与坚守。

教师的态度在日常教学互动中起着决定性作用,它影响着教师如何处理师生关系、如何设计并实施教学活动、如何评价与反馈学生的学习进步等方方面面。一个以关爱、激励为主导的教育态度,能够引导教师关注每一位学生的个体差异和发展需求,营造出有利于学生全面成长的和谐课堂氛围,进而有助于培养学生成为具备良好品格、独立思考能力和创新能力的人才。而改变教师态度也是提升教师团队凝聚力和协作效率的重要手段。教师间的相互尊重、理解和支持,源于共享的教育理想和价值观,以及共同致力于改进教育实践的决心。通过倡导积极的教师态度,鼓励教师间开展真诚有效的沟通交流,分享教学心得与经验教训,有助于形成一种团结协作、共求进步的教师文化生态,这对于整体提升教育质量和实现教育公平具有深远意义。

2. 内化教师行为是构建教师文化的落脚点

教师文化,作为一种在教育教学实践中积淀而成的无形精神财富,既体现了教师群体的专业素养、价值取向和教育理念,又深深影响着教育环境的品质与学生的发展成长。而内化教师行为则是这一过程中的生动体现和具体行动指南。教师文化的建构并非空中楼阁,它需要通过每一位教师日常的教学活动、言谈举止以及与学生的互动关系来实现。内化教师行为,意味着教师将高尚的师德情操、先进的教育理念和科学的教学方法转化为自身的行为习惯和教学风格,使教师不仅在理论上认知和接纳优秀的教育理念,更能在实践中自觉践行,形成稳定的教育行为模式。而且,教师需深谙"学高为师,身正为范"的道理,时刻自我审视和反思,将对知识的热爱、对教育的执着、对学生的尊重等核心价值观融入每一次讲解、每一个动作、每一句言语之中,以此营造出积极向上、和谐包容的课堂氛围,有力地推动教师文化的落地生根。

教师团队应形成一种共享、共进、共荣的文化生态,通过研讨交流、观摩学习等形式,促进教师个体之间优质行为经验的传播与借鉴,从而提升整个教师团队的行为内化水平,共同推进教师文化的深化和发展。

(二)信念、态度和行为三者之间的协同作用

教师文化,作为教育领域中一种独特的文化现象,深刻反映着教师的内心世界和教育实践。这种文化不仅仅是表面的行为规范或者教学模式,而是一种深层次的精神特质,它根植于教师的信念、态度和行为之中。这三者相互交织、相互影响,共同构成了教师文化的复杂内涵。

信念,作为教师文化的核心,是教师对于教育、学生、自我乃至整个世界的根本看法和坚定信仰。它是教师内心深处的一种无形力量,激励着教师在教育这条道路上不断前行。这种信念并不是凭空产生的,而是教师在长期的教育实践中,通过不断的反思、总结和提炼,逐渐形成的对于教育本质和规律的深刻理解。这种理解不仅仅停留在理论层面,更深入到教师的骨髓里,成为他们教育行为的根本指南。而态度,则是教师信念的一种外在表现。它是教师在面对教育中的各种问题和挑战时所持有的心理状态和行为倾向。教师的态度直接影响着他们的教育行为,决定着他们如何对待学生、如何对待教学、如何对待自我发展。一个积极向上的态度,能够使教师在面对困难时保持坚韧不拔的毅力,努力寻求解决问题的办法;而一个消极悲观的态度,则可能使教师在面对挑战时畏缩不前,甚至放弃努力。因此,态度在教师文化中扮演着非常重要的角色,它是连接教师信念和行为的桥梁和纽带。

行为,则是教师信念和态度的具体体现。它是教师在教育实践中所表现出来的各种具体行动和操作。教师的行为直接作用于学生,对学生的成长和发展产生着深远的影响。一个优秀的教师,不仅要有坚定的信念和积极的态度,更要有科学的行为方式,能够根据学生的特点和需求,采取恰当的教育方法和手段,有效地促进学生的全面发展。同时,教师的行为也是他们自我发展的重要途径,通过不断的实践、反思和改进,教师能够不断提升自己的专业素养和教育能力。

在教师文化中,信念、态度、行为三者之间存在着密切的互动关系。信念是态度和行为的根本指南,它决定着教师的教育方向和价值取向;态度是信念和行为的中介变量,它影响着教师的教育效果和学生的成长;行为则是信念和态度的具体体现,它反映着教师的教育能力和专业素养。这三者相互依存、相互促进,共同构成了教师文化的完整体系。教师的信念、态度、行为三者之间的关系架构如图 5-1 所示。

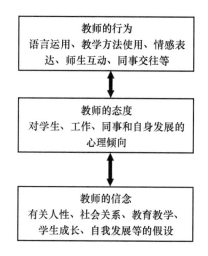

图 5-1　信念、态度、行为三者的关系图

第二节　教师使命的内涵及特征

一、中外"使命"概念的内涵差异

(一)来源与侧重点的差异

在中国传统文化中,"使命"往往与"天命""责任"等词汇紧密相连。它强调的是一种由上而下的赋予,一种对于个体或集体所承载的历史责任和时代任务的认知。这种认知往往带有一种宏大和深远的视角,强调的是整体性和长远性。例如,在古代中国,士人常常以"为天地立心,为生民立命,为往圣继绝学,为万世开太平"为使命,体现了一种对于社会、历史、文化的深沉责任感和使命感。相比之下,在西方文化中,"使命"一词更多地与"calling""vocation"等词汇对应。它强调的是一种由内而外的驱动,一种对于个人职业、生活目标的追求和实现。这种追求往往带有一种个人主义和实用主义的色彩,强调的是个体性和现实性。例如,在西方社会中,人们常常谈论的是如何找到自己的"calling",即那种能够激发个人热情、实现个人价值的职业或生活方式。这使得中外在理解和践行"使命"时的不同取向。在中国,人们更注重从整体

和长远的角度来思考和承担使命,强调的是对于社会、历史、文化的责任和贡献;而在西方,人们更注重从个体和现实的角度来追求和实现使命,强调的是对于个人职业、生活目标的追求和满足。

(二)价值观与行动方式的差异

在中国文化中,"使命"往往与"奉献""牺牲"等词汇相关联。它强调的是一种对于集体、社会、国家的无私奉献和牺牲精神。在这种价值观的影响下,中国人在面对使命时,往往能够展现出一种坚韧不拔、勇往直前的精神风貌。例如,在历史上的许多关键时刻,中国人民都能够团结一心、共克时艰,为国家和民族的繁荣富强而努力奋斗。而在西方文化中,"使命"更多地与"自由""权利"等词汇相关联。它强调的是一种对于个人自由、权利的追求和维护。在这种价值观的影响下,西方人在面对使命时,往往更注重个人的感受和体验,更强调个人的权利和自由。例如,在西方社会中,人们常常通过选择自己喜欢的职业、生活方式来实现自己的使命和价值。这种价值观与行动方式的差异,也使得中外在践行"使命"时的不同表现。在中国,人们往往能够为了集体、社会、国家的利益而牺牲个人的利益和需求;而在西方,人们往往更注重个人的感受和体验,更强调个人的权利和自由。因此,在整体上,中外在理解和践行"使命"时存在一定的差异。

二、教师使命的内涵和特征

(一)教师使命的内涵

从知识传承的角度来看,教师肩负着培养未来社会接班人的重任,他们需要通过严谨的教学活动,将科学真理、人文精神、历史经验等多维度的知识系统地传递给学生,帮助他们在认知世界的过程中形成全面而深入的理解。这一过程要求教师具备扎实的专业素养,能紧跟时代发展脉络,不断创新教学方式方法,以确保所教授的知识体系与时俱进,符合社会进步的需求。而从人格塑造方面考量,教师的使命在于培养学生独立思考的能力、健全的人格特质以及良好的道德品质。教师需要以身作则,用言谈举止为学生树立典范,激发他们对真善美的向往与追求,引导他们在面对生活挑战时坚守道德底线,展现出积极向上的人生观和世界观。同时,尊重并鼓励学生的个性差异,提供充分的空间和条件,让每个学生都能在成长过程中发掘自我潜能,实现个人价值的最大化。

就社会责任感而言,教师的重要使命是培育具有社会责任感的公民。这意味着教师在日常教育教学中,要注重培养学生的国家认同感、民族自豪感和全球视野,使他们明白个人命运与国家、民族乃至全人类的命运息息相关。教师要启发学生关注社会热点问题,积极参与社会实践,学会关爱他人、服务社会,成为有理想、有担当的社会成员。

(二)教师使命的特征

1. 教师使命具有超越性

在个体层面,教师的超越性使命在于激发并引导学生的无限潜能。他们不满足于简单的知识灌输,而是以启迪智慧、陶冶情操为己任,通过科学严谨的教学方式和充满人文关怀的教育理念,培养学生独立思考的能力,塑造健全的人格品质,使他们在获取知识的过程中形成高尚的道德情操和坚定的价值追求。这种超越性的教育行为旨在帮助学生从有限的知识积累走向无尽的精神探索,从而实现自我价值和社会价值的高度统一。而在社会层面,教师的超越性使命延伸至对社会公正、公平及和谐秩序的维护与促进。教师作为社会价值观的重要传播者和塑造者,肩负着培养具有社会责任感、法治精神和全球视野的新时代公民的重任。他们需要在日常教学活动中,将国家发展、民族振兴的理想信念融入课程内容,让学生明白个人的发展与国家命运息息相关,鼓励他们积极参与社会实践,勇于承担社会责任,共同推动社会的进步与发展。

2. 教师使命具有实践性

教师使命,这一看似抽象、宏大的概念,实则与每一位教师的日常教学实践紧密相连。它不仅仅是一种理念、一种信仰,更是一种内在的力量,驱使着教师们在教育的道路上不断前行。当我们深入探究教师使命的内涵时,不难发现其实践性是其最为核心的特性之一。

每一位教师都是独一无二的个体,他们拥有各自不同的背景、经历、价值观和教育理念。这些个体差异使得每位教师在面对教育教学时,都会形成自己独特的认知和理解。而教师使命,正是源于教师内心的声音,是他们对于教育的深刻理解和个人信仰的体现。这种声音并不是空洞无物的,而是与教师的教育教学实践紧密相连,是在实践中不断萌发、形成并得以强化的。教师在教学的过程中,不仅仅是传授知识,更是在与学生的互动中,寻找教育的意义和价值。他们关注每一个学生的成长,关注学生的需求和兴趣,努力创造有利于学生学习的环境和情境。在这种互动中,教师逐渐明确自己的使命和责任,意识到自己所承担的角色和任务。这种意识又会进一步激发教师的内在力量,使他们更加投入地进行教学实践,形成良性循环。对于拥有强烈使命感的教师来说,教学不仅仅是一份工作,更是他们生活的一部分。他们会把教学融入自己的日常生活中,时刻思考如何更好地教育学生、如何提高自己的教学水平。这种对生活的全身心投入,使得教师的教学更加具有真实性和感染力。他们的教学不仅仅是为了完成任务,更是为了实现自己的价值和追求。

3. 教师使命具有动态发展性

在知识传授方面,随着科技的飞速发展和社会信息环境的变化,教师不再仅仅是传统意义上的"教书匠",而是需要扮演终身学习者和引导者的角色。他们需紧跟学科前沿,及时更新教学内容,采用更为科学有效的教学方法,将创新思维和批判性思考融入日常教学中,培养学生独立获取、分析和应用知识的能力,使他们在快速变化的知识经济时代保持竞争力。随着社会对个体素质和综合能力需求的提高,教师不仅要关注学生学业成绩,更要注重其身心健康、情感态度、团队协作等多元智能的发展。教师需通过情境化、体验式教学活动,鼓励学生积极参与,勇于尝试,以此培养他们的创新能力、领导力以及良好的公民素养,使其成为具备可持续发展能力的社会成员。

第三节　教师师德建设

一、师德建设的内涵

(一)师德建设的内因

从精神追求角度看,教师作为人类灵魂工程师,其内在的价值取向与道德追求直接影响着师德建设。教师应具备崇高的教育理想和坚定的职业信念,视教书育人为神圣使命,以培养全面发展的人才为己任,坚守对教育事业的热爱与执着。这种高尚的精神追求能够激励教师不断提升自我,恪守职业道德规范,全身心投入教育工作。而在职业信念层面,师德建设的内因表现为教师对教育公平、教育公益性的深刻理解和坚决维护。教师应当坚信每一个学生都有独特的价值和发展潜力，不论学生的家庭背景、学习成绩如何，都应平等对待，给予充分的关注和尊重，从而在实践中塑造公正无私的师德形象。

自我修养是师德建设的重要内驱力。教师需不断通过自我反思、学习先进理念、丰富人文素养来涵养自身品格，形成严谨治学、以身作则的良好习惯。同时，面对社会变迁和时代挑战，教师应积极适应，保持一颗包容并蓄、勇于创新的心，以此引领学生健康成长，实现师德品质的持续升华。并且，专业成长过程中，教师通过对教育教学理论的学习研究，以及实践经验的积累，逐渐形成和完善自身的教育观和教学方法，这是师德建设的重要内因之一。教师的专业能力越强，对教育规律的理解越深入，就越能自觉地遵循教育伦理，践行师德规范，将高尚的师德精神融入日常教育教学实践之中。

（二）师德建设的外因

良好的教育环境可以滋养师德之花盛开，学校应当致力于构建尊重教师、关心学生、崇尚学术、追求卓越的文化氛围，使教师在优良的工作环境中感受职业尊严，进而提升师德水平。同时，学校应通过各种形式的师德培训、典型示范、表彰奖励等活动，弘扬优秀师德典范，激励广大教师见贤思齐，以更高的道德标准要求自己。而在信息传播高度发达的今天，教师的一言一行都可能置于公众审视之下，正面的社会舆论能够树立崇高的教师形象，促进教师自我约束和道德修养；反之，负面的社会评价则会对教师群体形成压力，促使他们反思并改进自身言行。因此，积极引导公正客观的社会舆论，倡导尊师重教的社会风尚，对于维护和提升教师职业道德具有重要意义。

二、教师专业精神的构建

（一）教师专业的概念

1. 教师是一种作为专业性的职业

教师作为专业性职业，其最显著的特征之一就是拥有系统化的专业知识体系。这些知识不仅包括所教学科的基础理论和前沿动态，还涉及教育学、心理学、教育法律法规等多个领域。教师需要不断学习和更新自己的知识储备，以适应不断变化的教育环境和学生需求。这种专业知识的积累和运用，是教师职业专业性的重要体现,也是保证教育教学质量的关键。

除了专业知识,教师还需要掌握一系列专业技能。这些技能包括教学设计、课堂教学、学生评价、班级管理等多个方面。教师需要根据学生的年龄、心理特征和学习需求,精心设计教学方案,运用恰当的教学方法和手段,激发学生的学习兴趣和动力,帮助他们掌握知识和技能,形成正确的世界观、人生观和价值观。这种专业技能的掌握和运用,是教师职业专业性的又一重要体现。而现代教育理念强调以学生为本,注重学生的全面发展。教师需要关注学生的个体差异,尊重学生的个性和特长,为每个学生提供适合的教育。这种教育理念要求教师不仅要传授知识,更要培养学生的创新精神和实践能力,引导他们形成健全的人格和良好的道德品质。这种教育理念的践行,是教师职业专业性的内在要求。

2. 教师专业性的特点:教学作为教师的专业道德实践

在教学过程中,教师的专业性首先体现在对教育目标的深刻理解和执着追求上。他们坚守"立德树人"的初心,尊重每一个学生的个性差异和发展需求,以全人教育为目标,通过精心设计的教学内容和方法,力求实现知识技能传授与品德情操陶冶的有机融合。这种敬业乐群、以人为本的教育理念,无疑是教师专业道德实践的基石。而且,他们在教学实践中坚持真理,实事求是,不断探索新的教学模式和方法,以适应时代发展和社会变迁对人才培养提出的新要求。同时,教师以其高尚的职业道德风范,时刻保持谦逊好学、求真务实的精神风貌,积极反思教学过程中的得失,持续提升教学质量,这无疑是对教师专业道德实践的生动诠释。并且,他们通过公正公平对待每一位学生,身体力行地传递诚实守信、尊师爱生等基本道德规范,从而在日常教学中实现德育渗透,使学生在获得知识的同时,更学会做人做事的道理,形成良好的公民素养和社会责任感。这种以身作则、言传身教的教学方式,是教师专业道德实践的具体体现。不仅如此,他们深知教学相长的道理,不断提升自身的专业知识结构和教育教学能力,积极参与各类学术交流与培训活动,紧跟教育科研前沿,以便更好地服务于教学工作,为培养具备创新能力、批判思维和社会担当的新时代人才奠定坚实基础。这种自我提升、终身学习的教师专业发展观,也是教师专业道德实践不可或缺的一部分。

(二)教师专业精神的两个发展层次

1. 第一层次:教师认同

新入职教师通常在完成教育专业学习后,对教师角色有基本的理解,认识到教师承担着传播知识、引导成长的重大责任。他们开始尝试将理论知识转化为教学实践,初步形成对教师职业规范的认知认同,并努力适应教育教学环境,为后续的专业精神培养打下基础。随着工作经验的积累和教育教学实践的深入,教师逐渐过渡到中级认同阶段,此时他们对教师专业的精神内涵有了更深层次的情感投入和价值共鸣。这一阶段的教师不仅明确自身的教育使命,而且能够深切体验到教书育人的乐趣和挑战,形成了较强的职业自豪感和成就感,愿意为学生的成长付出持续的努力和关爱。

进一步地,教师经历了长期的教学历练和自我反思后,可能达到高级认同阶段,即对教师专业精神形成坚定的信念和内化于心的价值观。此时,他们将尊重学生、追求卓越、无私奉献等核心理念融入自身的行为准则中,以更高的道德标准要求自己,不断探索创新教育方式方法,致力于提升教学质量,关注每个学生的个性化需求和发展,同时积极参与教育改革和社会服务,展现出了深厚的教育情怀和崇高的社会责任感。并且,教师已不再仅仅满足于遵守职业道德规范,而是将其转化为一种自然而然的行动指南,使其在面临各种复杂教育情境时能灵活运用教育智慧,坚守教育初心,始终如一地践行"以人为本"的教育理念,从而在实质上推动了学生全面发展以及教育事业的进步。

2. 第二层次:教师美德

在教师美德发展的初期阶段,教师主要通过接受师范教育以及入职培训,形成对教师职业道德的基本认知。他们开始了解并接纳诸如敬业爱生、严谨治学、为人师表等核心教师美德,将其视为规范自身行为的基本准则,并努力在教育教学工作中予以体现。此时,教师更多的是将美德作为一种职业要求来遵循,以确保其行为符合社会对于教师角色的期待。随着教龄的增长和教学经验的积累,教师美德已不再仅仅停留于表面的行为遵循,而是进一步内化为教师个体的价值观念和人格特质。他们深切体验到教师美德的力量,如热爱教育事业的献身精神、公正公平对待每一位学生的民主情怀、尊重学生差异性的包容心态等,这些美德成为驱动他们持续投入教育工作的内在动力,使得他们在面对复杂多变的教学情境时,能够坚持高尚的道德操守,始终坚守教育初心。

在教师美德发展的高级阶段,教师不仅深刻理解并践行各种美德,还能够在实际教育教学中创新性地弘扬和发展这些美德。他们把教师美德转化为具体的教育实践行动,通过自身的言行影响和塑造学生的人格品质,也在反思与实践中不断提升自己的美德境界,比如通过关心每一个学生的全面发展来彰显爱心,通过严谨细致的教学研究来展现求真务实的精神风貌。在这个阶段,教师美德已经融入了他们的生命历程,成为他们教育生活的灵魂和底蕴。

第四节　高职教师队伍建设的"教学做合一"模式

一、"教学做合一""双师型"教师队伍的内涵

"教学做合一"是一种强调实践性、参与性和情境性的教学理念,这一理念源自陶行知先生的生活教育理论,其核心思想是将学习、教学和实践视为一个不可分割的整体。在实际教学中,倡导学生在"做中学",教师在"教中做",实现知识传授与技能训练同步进行,理论学习与实践操作紧密结合。这种模式下,教师不仅是知识的传授者,更是引导学生主动探究、动手实践的指导者,有助于培养学生解决实际问题的能力和创新能力,充分体现了素质教育的宗旨。另一方面,"双师型"教师队伍构建则是职业教育领域的一种重要策略,旨在打造既能教授专业理论知识,又能指导实践操作技能的复合型师资力量。"双师型"教师不仅具备扎实的专业理论基础,还具有丰富的企业实践经验或者相应的职业资格证书,能够在课堂教学中融入行业最新动态和技术前沿,确保人才培养紧贴社会需求。同时,他们还能通过校企合作、工学结合等方式,搭建起学校与社会之间的桥梁,有效促进学生职业技能的形成和就业竞争力的提升。

两者的融合,则体现在教师角色定位的转变上,即要求教师既是学术研究者,又是实践创新者;既是课程设计者,又是技能引领者。这样的教师队伍能够以"教学做合一"的理念为基础,将理论教学与实践教学相结合,推动教育从单纯的知识灌输转向能力培养,从而更好地服务于国家和社会对于高素质、应用型、创新型人才的需求。

二、"教学做合一"模式培训"双师型"教师队伍的举措

(一)围绕校企合作,强化"双师型"教师培训

1. 改变传统单一的培训观念,树立走校企合作的培训之路的理念

校企合作培训理念的提出,是对这种现状的深刻反思和积极回应。这一理念强调教育培训不再仅限于校园内的课堂讲授,而是要将学校教育资源与企业实践资源紧密结合,实现学习过程与工作过程、理论教学与实践操作的深度融合。在这样的模式下,学校可以依托企业的生产现场作为实训基地,让学生在真实的职场环境中锻炼技能,提升解决实际问题的能力;而企业则能通过深度参与人才培养全过程,及时将行业新知识、新技术融入教学内容,确保培养出的人才更符合市场需求。在具体实践中,校企合作的培训模式包括共建实习实训基地、共同制定培养方案、联合开展课题研究、共享师资力量等多种形式。一方面,学生能够得到从理论到实践、从课堂到职场无缝衔接的全面训练,从而提升其就业竞争力和社会适应能力;另一方面,企业也能借此机会提前选拔和储备优秀人才,满足自身发展需求,形成教育链、人才链与产业链、创新链的有机衔接。

2. "双师型"教师队伍建设要走专兼结合的道路

在高职院校中,专业设置的多样性和市场需求的快速变化往往对师资队伍提出更高的要求。学校内部的专业教师,虽然在教学和科研方面有着深厚的积累,但在面对新兴专业和快速变化的市场需求时,有时难免会显得力不从心。这时,兼职教师的加入就显得尤为重要。他们通常来自行业一线,有着丰富的实践经验和操作技能,能够迅速适应新专业的教学需求,为学生提供更加贴近实际的教学内容和指导。而兼职教师的价值远不止于此。他们不仅仅是专业知识的传递者,更是学校与社会之间的重要桥梁。由于长期在行业中摸爬滚打,兼职教师对本地区、本行业的情况有着深入的了解和独到的见解。他们能够将行业中的新技术、新信息及时带入课堂,让学生在学习过程中就能接触到最前沿的行业动态。这对于培养适应市场需求的高素质技术技能人才来说,无疑是至关重要的。

与传统的专业教师相比,兼职教师在教学方法和手段上往往更加灵活和创新。他们能够根据自己的实践经验和对行业的理解,设计出更加贴近实际、

更加生动有趣的教学方案。这不仅能激发学生的学习兴趣和动力,还能培养他们的创新思维和实践能力。从更宏观的角度来看,聘请兼职教师也是高职院校加强与社会联系、提高社会服务能力的重要途径。通过与行业企业的紧密合作,高职院校能够更好地了解市场需求和行业动态,调整和优化专业设置和人才培养方案。而兼职教师作为这种合作的重要纽带,不仅能够促进校企之间的资源共享和优势互补,还能为学校带来更多的实践教学资源和科研项目合作机会。

(二)以"教学做合一"为中心,改变"双师型"教师的培训方式

1.通过基地建设,在校内外实训基地培训教师

实训基地在高职教育体系中扮演着举足轻重的角色。这不仅仅是一个简单的教学场所,更是教师完成实践教学任务、指导学生进行各类实践活动的核心区域。从毕业设计到课程设计,再到专业实习,每一个环节都离不开实训基地的支撑。对于教师而言,参与实训基地的建设与管理,不仅能够更好地了解实践教学需求,还能够在实际操作中不断提升自己的实践能力和组织能力。

实训基地的建设与运营,往往需要大量的资金投入。然而,通过鼓励教师参与实验室建设,不仅可以节约一部分经费,还能够确保实训基地的建设更加贴近教学实际需求。教师在参与建设过程中,会深入了解每一个设备的性能、每一个实践环节的需求,从而确保实训基地能够更好地服务于实践教学。同时,这种参与式建设方式也有助于培养教师的团队协作精神和管理能力,为他们日后的职业发展奠定坚实基础。更为重要的是,实训基地是高职院校培养高素质劳动者的摇篮。在这里,学生可以将所学理论知识与实际操作相结合,通过亲手操作、亲身体验,加深对专业知识的理解和对技能的掌握。这种教学模式不仅能够提高学生的学习兴趣和动手能力,还能够培养他们的创新意识和解决问题的能力。因此,高职院校应当把教学与生产实际紧密地结合起来,确保实训基地能够真正发挥出其应有的育人功能。

实训基地的建设与管理,对于锻炼和造就一支既有理论知识又具有专业技术实践能力的"双师型"教师队伍具有重要意义。通过参与实训基地的建设和管理,教师可以不断提升自己的专业素养和实践能力,从而更好地胜任"双师型"教师的工作要求。同时,实训基地也为教师提供了一个在职培训的平台。在这里,教师可以通过参加各种实践活动、技能培训和学术交流,不断更

新自己的知识和技能储备,确保自己能够始终站在行业的前沿。

2.通过深层次的合作,坚持培训方式多样化

随着高职教育的不断发展,对教师的培训方式也提出了新的要求。传统的以"理论学习为主"的培训模式已经无法满足当前实践教学的需求,因此,我们需要对培训方式进行一系列的改革和创新。在培训内容的设置上,我们更加注重"实践操作学习"。这意味着,培训不再仅仅是纸上谈兵,而是要让教师亲自动手,参与到实际的操作中去。通过这样的培训,教师可以更加直观地了解设备的性能、操作流程以及可能遇到的问题,从而在实际教学中更加游刃有余。还要改变过去"强迫式培训"的做法,采取"引导式培训"的方式,强迫式培训往往会让教师产生抵触情绪,影响培训效果。而引导式培训则注重激发教师的内在动力,让他们自愿地参与到培训中来。我们可以通过设置合理的激励机制、提供丰富的学习资源等方式,来引导教师主动地进行学习和提升。

还需要将"提高学历培训"转变为"教学需要培训"。以往部分高职院校在培训教师时,过于注重学历的提升,而忽视了实际教学的需求。这样的培训往往与实际教学脱节,无法真正起到提升教学质量的作用,这就需要根据教学的实际需求来设置培训内容,确保培训能够真正为教学服务。在培训地点的选择上,以往高职院校都会选择将教师送到高等学院进行培训。然而,这种方式往往无法让教师接触到最新的生产工艺和企业需求。因此,我们需要将培训地点从"高等学院"转变为"生产企业、科研院所"等更加接地气的场所。通过这样的培训,教师可以更加深入地了解企业的实际运作情况,学习新的生产工艺和技术,从而更好地服务于教学和学生。在具体安排上,我们采取"内培、外训"相结合的方式。内培主要立足于校内资源,通过组织各种形式的在职培训、研讨会等活动,提升教师的专业素养和教学能力。而外训则主要利用寒、暑假等时间,有计划、有目的地安排教师到校外实训基地进行培训,或者送学生到校企合作企业进行顶岗实习。这样的安排既保证了教师有足够的时间进行学习和提升,又不会影响正常的教学秩序。

三、"教学做合一"模式培训"双师型"教师队伍的实践

(一)健全工学教育模式"双师型"教师培养的管理机制

1.建立培养"双师型"教师的工作机制

为了构建与"教学做合一"理念相契合的"双师型"教学团队,高职学院需深刻认识到教师在职培训的重要性,并着手打造一个横向到边、纵向到底的全方位教师培训体系。这一体系不仅覆盖了教师职业生涯的各个阶段,还针对不同专业、不同岗位的需求进行了精细化设计,确保每位教师都能获得量身定制的成长路径。

在推动培训工作机制创新方面,高职学院应通过改革校内人事分配制度和教师聘用制度,为教师培训提供制度保障和激励。例如,可以制定细化的教师培训优惠政策,将培训成果与教师的职称晋升、岗位聘用、绩效奖励等紧密挂钩,从而激发教师参与培训的内生动力。建立以岗位聘用制为核心的用人机制是高职学院开创教师培训工作新格局的关键一环。这一机制强调"按需设岗、全员招聘、择优聘用、严格考核、一年一聘"的原则,旨在打破传统的"铁饭碗"思想,引入竞争机制,优化教师队伍结构。通过公开、公平、公正的招聘程序,选拔出真正适合岗位需求的优秀人才,为学院的可持续发展注入新鲜血液。

在岗位聘用制的实施过程中,高职学院需注重对教师的全面考核。不仅要考察教师的教学能力、科研水平,还要关注教师的实践能力、社会服务能力等"双师"素质。通过构建多元化的考核评价体系,引导教师不断提升自身综合素质,以适应高职教育的发展需求。为了确保"双师型"教学团队的建设取得实效,高职学院还需加强与企业、行业的合作与交流。通过校企合作、产学研结合等方式,为教师提供更多的实践锻炼机会,帮助他们了解行业最新动态、掌握先进技术,从而提升实践教学能力。同时,邀请企业专家参与教师培训、课程设置等教学环节,实现校企双方的资源共享和优势互补。

2.建立"双师型"教师的考核机制

为了确保高职学院的教师培训工作能够取得实效,并真正提升教师的教学水平和综合素质,对教师参与培训的情况进行全面而细致的考核显得尤为重要。这种考核不应仅仅停留在表面,而是需要深入教师培训的各个环节,从

培训内容的掌握情况、培训成果的应用效果,到培训后对教学工作的改进程度等方面,都要进行细致入微的评估。而且,这种考核的结果必须与教师的使用、职务晋升、职称评聘等紧密结合起来。只有这样,才能让教师真正感受到培训的重要性,从而激发他们主动参与培训的内在动力。具体来说,学院可以将教师培训考核的结果作为岗位聘用、职称评审的重要依据之一。对于那些在培训中表现突出、成绩显著的教师,学院可以在岗位聘用时给予优先考虑,或在职称评审时给予一定的加分。相反,对丁那些在培训中表现不佳、未能达到培训要求的教师,学院则可以在岗位聘用和职称评审时进行相应的限制或降级处理。

为了进一步激发教师参与培训的积极性,学院还可以建立一套完善的奖励机制。对于那些在培训中取得优异成绩、能够将培训成果有效应用于教学工作的教师,学院可以给予一定的物质奖励或精神表彰。这种奖励机制不仅可以增强教师的荣誉感和归属感,还可以为其他教师树立榜样,营造一种积极向上、争先创优的良好氛围。通过这样的措施,高职学院可以逐步引导教师转变对培训的认识和态度,从过去的"要我培训"转变为"我要培训"。这种转变不仅意味着教师对培训的态度发生了根本性的变化,更意味着学院的教师培训工作已经迈上了一个新的台阶。在这个新局面下,教师培训不再是学院强加给教师的一项任务,而是成为教师自我提升、自我发展的重要途径。教师们会更加主动地参与培训,更加积极地学习新知识、新技能,从而为学院的教学工作注入新的活力和动力。

(二)"教学做合一"培训"双师型"教师队伍的途径

1. 重视校企合作平台的搭建,加大教师的培训力度

在当前社会经济发展与教育改革的双重背景下,校企合作平台的构建与教师培训力度的加大已成为提升高等教育质量、对接产业需求的关键举措。这一战略旨在打破传统的教育壁垒,强化理论知识与实践经验的有效融合,使高校教育更加贴近社会和市场需求。首要任务是积极推动校企深度合作平台的搭建与完善。这意味着高校需主动寻求与企业建立长期稳定的合作关系,共同构建涵盖实习实训基地建设、产学研项目合作、人才培养方案制定等多元化的合作模式。通过这种合作平台,教师可以实时了解行业动态、技术前沿及实际工作场景,从而将这些元素融入课程设计和教学内容中,提升学生的职业素养和实践能力。同时,企业也能从中获取最新的科研成果和优秀人才资源,实现双方互利共赢。并且加大对教师的培训力度,以满足校企合作深化带来的新挑战与新要求。这包括定期组织教师赴企业进行实地研修、挂职锻炼,让教师亲身体验企业的运作模式与工作流程,积累丰富的实践经验和案例素材。还要邀请行业专家和企业导师走进校园,开展专题讲座、研讨会等形式多样的培训活动,拓宽教师视野,更新教育教学理念。鼓励和支持教师参与校企合作项目的研发,提升其科研应用转化能力和解决实际问题的能力,真正做到学以致用、教以致用。

更为重要的是,要建立健全教师培训激励机制,如设立专项基金支持教师参加各类专业技能培训、学术交流活动,将参与校企合作以及培训成果纳入教师绩效考核体系,激发教师自我提升的积极性和主动性。

2. 以培训在职教师为主,引进人才和聘请兼职教师为辅

在职教师培训作为塑造"双师型"师资队伍的核心策略,对于当前高职教育体系而言,具有不可替代的重要性。由于历史遗留问题,目前"双师型"教师在整体师资队伍中的比例尚不理想。这种局面不仅影响了高职教育的教学质量,也制约了教师的专业成长和学院的长远发展。因此,通过系统、有针对性的在职教师培训,逐步推动现有教师向"双师型"标准靠拢,成为稳定和优化高职教育师资队伍的关键一环。为了实施这一策略,高职学院需要积极与职教师资培训基地建立紧密的合作关系,邀请相关领域的专家或来自生产一线的技术人员,对教师进行短期但高效的培训。这种培训模式能够迅速地将最新的行业知识、实践技能引入校园,帮助教师更新观念,提升教学与实践相结合的能力。同时,学院还应鼓励教师与这些专家和技术人员建立长期的交流与学习关系,以便在日后的教学中能够随时获取宝贵的指导和建议。

除了引入外部资源,高职学院还应注重内部潜力的挖掘。通过构建校企合作的学习型组织,教师可以在校内实训中心得到更加贴近实际工作环境的实践锻炼。在这里,传、帮、带的作用被充分发挥,老教师与新教师、理论教师与实践教师之间形成了良好的互动与学习氛围。这种实践锻炼不仅能够提升教师的教学能力,还能够增强他们的团队协作能力和创新意识。当然,仅仅依靠短期培训和校内实践是不够的。为了全面提升教师素质,高职学院还需制定更为系统的培训计划。这包括选派有潜力的教师到职教师资培训基地、国内外知名的职业技能培训机构进行长期培训,或者直接安排他们到实习基地、企业第一线进行深入学习。这样的培训经历不仅能够让教师亲身感受行业发展的脉搏,还能够让他们在实践中积累宝贵的经验,为日后的教学工作提供更为丰富和生动的案例。

最为重要的是,教师在企业一线的学习不仅能够提升自身能力,还能够为学院与企业之间搭建起沟通的桥梁。通过这种方式,教师可以更准确地把握企业的用人需求,从而在回到校园后能够更有针对性地指导学生进行企业实训。这种教学与实训相结合的模式不仅能够提高学生的就业率,还能够进一步提升学院的社会声誉和影响力。

第六章 教师队伍的课程能力建设

第一节 高职课程建设

一、高职课程建设的思路

(一)高职课程体系的构建

在构建高职课程体系的过程中,其核心目标是服务于职业教育的人才培养战略,旨在通过科学合理的课程设计与组织,实现对学生专业技能和综合素质的全面提升,这就需要明确高职教育的定位,即面向社会经济发展需求,强化实践教学与职业导向,而构建高职课程体系应紧密围绕产业发展趋势和岗位能力要求展开。在具体实践中,首要任务是对各类专业进行深度剖析,明确各专业的核心能力和知识结构,形成专业课程的基础模块。这一步骤需结合行业标准、职业资格认证以及企业实际需求,确保课程内容的实用性和前瞻性。例如,对于电子信息类专业,应将电子技术基础、计算机网络技术等作为基石课程,同时引入智能硬件开发、云计算等相关前沿课程,以满足产业升级对新型技能人才的需求。还要注重理论与实践相结合,强调"做中学、学中做"的教学模式。为此,应当设立多元化的实践教学环节,包括实验实训、项目研发、顶岗实习等,让学生在真实的职场环境中锻炼职业技能,培养解决实际问题的能力。此外,提倡校企合作共建课程,引入企业导师参与教学,使学生能更早接触行业动态,增强就业竞争力。并且,高职课程体系还需要关注学生全面发展,强化通识教育和素质教育,提升学生的社会责任感、创新思维和团队协作精神。因而应在课程体系中,融入人文社科、自然科学、艺术体育等通识课程,以及创新创业教育、心理健康教育等特色课程,全面促进学生的知识素养、人格特质和社会适应力的成长。不仅如此,高职课程体系的构建还应具有一定的开放性和灵活性,以适应快速变化的社会经济环境和技术发展趋势。

适时调整优化课程结构,引入新的课程单元,建立动态更新机制,保证课程体系始终与时俱进,为培养符合时代发展需求的高素质技术技能型人才提供有力支撑。

(二)高职专业核心课程的建设途径

1. 课程的虚拟化

高职专业核心课程虚拟化的实施,意味着将原本局限于实体实验室或实训基地的专业技能训练,转化为在线可操作、互动性强的模拟环境。例如,在机械制造类专业中,借助三维建模和虚拟仿真技术,可以构建高度拟真的数控机床操作平台,让学生在无风险环境中反复练习编程、调试及故障排除等关键技能,极大地丰富了教学场景,增强了实训效果。而且,虚拟化课程能够突破时空限制,使得优质教育资源得以跨越地域界线,为更多学子提供平等的学习机会。通过搭建云端学习平台,不仅可以实时更新和迭代课程内容,满足行业发展的快速变化需求,还能支持个性化学习路径的设计,使学生根据自身知识基础和兴趣特长自主安排学习进度,真正实现了"随时随地学"。并且,虚拟化课程有助于激发学生的主动参与和创新思维。基于游戏化设计理念开发的教学软件,能将复杂难懂的专业知识寓教于乐,增强学生的学习兴趣和动力;而虚拟团队合作项目则能让学生在模拟职场环境下锻炼沟通协调能力和团队协作精神,为未来职业发展打下坚实基础。不仅如此,通过与企业深度合作,引入真实案例和数据,确保虚拟实验项目与实际生产流程的高度一致,从而有效提高学生解决实际问题的能力,助力他们顺利从学校过渡到工作岗位。

2. 课程的项目化

课程项目化,作为现代职业教育的一种创新教学模式,正日益受到广泛关注和实践。它以项目课程作为教学的主体内容,彻底打破了传统以学科为中心的课程体系。这种转变不仅仅是教学内容的调整,更是教育理念的更新。它强调以职业能力为培养目标,确保学生所学能够紧密对接未来职业岗位的实际需求。这意味着,教育的输出不再是纸上谈兵,而是能够直接应用于实际工作的技能和知识。为了实现这一目标,课程项目化紧密依据岗位需求来设计和组织教学内容。它不再局限于教室和教材,而是将视野扩展到真实的工作场景和岗位任务。通过深入分析不同岗位的工作流程和技能要求,教育者能够提炼出最具代表性和实用性的项目任务,将其作为课程的核心内容。学生在完成这些项目的过程中,不仅能够掌握必需的理论知识,更能够在实际操作中不断提升自己的职业技能。

传统课程往往按照学科的逻辑体系来组织内容,而课程项目化则是以工作过程为线索,重新构建课程的结构和内容。这样一来,学生的学习路径就与未来的职业生涯更加吻合。他们不再是被动接受知识的容器,而是成为主动探索、实践和创新的学习者。在项目课程的实施过程中,综合运用相关的操作知识和理论知识来完成工作任务成为关键。这种综合性的学习方式要求学生不仅能够理解知识的原理,更要懂得如何将这些知识应用于实际问题的解决中。因此,项目课程往往以问题为导向,鼓励学生通过团队合作、自主探究等方式,寻找解决问题的最佳方案。在这个过程中,学生的分析问题、解决问题以及批判性思维等能力都会得到显著提升。

在传统的教育模式中,课程内容往往以单一的技术知识为主线,过分强调学科的系统性和完整性。然而,这种模式忽视了学生综合素质的培养,导致他们在面对复杂多变的现实问题时束手无策。为了改变这种状况,课程内容的选择必须向多元化发展。一方面,课程内容应该涵盖基础知识与技能。这些知识与技能是学生进一步学习和发展的基石,也是他们适应未来社会的基本保障。因此,在选择课程内容时,教育者应确保基础知识与技能的全面性和系统性,为学生打下坚实的学科基础。另一方面,课程内容还应注重跨学科内容的引入。随着科技的飞速发展和产业结构的不断升级,跨学科的人才需求日益旺盛。为了培养学生的跨学科思维和解决复杂问题的能力,教育者应打破学科壁垒,将不同学科领域的知识和方法有机地融合到课程中。例如,可以将计算机科学、艺术设计、经济管理等学科内容相互渗透,让学生在掌握本学科知识的同时,也能够了解和运用其他学科的思维和方法。

3. 课程内容组织的灵活性与个性化

在传统的课程内容组织中,往往以学科为中心,按照固定的顺序和结构来安排课程内容。这种组织方式忽视了学生的学习特点和兴趣爱好,导致他们在学习过程中缺乏积极性和主动性。为了改变这种状况,课程内容的组织必须向灵活性和个性化发展。一方面,教育者可以采用模块化的课程组织方式。模块化课程是将课程内容划分为若干个相对独立的模块,每个模块都具有明确的学习目标和学习内容。学生可以根据自己的兴趣和需求选择相应的模块进行学习,从而实现个性化发展。这种组织方式有利于激发学生的学习兴趣和动力,提高他们的学习效果。另一方面,教育者还可以采用项目化的课程组织方式。项目化课程是以学生为中心,以项目为载体,通过完成实际项目来学习和掌握相关知识和技能的教学方式。这种组织方式有利于培养学生的实践能力和创新精神,提高他们的综合素质。同时,项目化课程还有利于促进教师之间的合作与交流,提高教师的教学水平和能力。

随着信息技术的快速发展,线上线下相结合的教学方式已经成为一种趋势。教育者可以利用网络平台开展在线课程、微课程等教学活动,同时也可以组织线下的实践操作、小组讨论等教学活动。这种线上线下相结合的教学方式有利于为学生提供更加丰富多样的学习体验,满足他们的个性化需求。

(三)在课程目标确立上,从单纯重技术技能训练转向重实践智慧培养

1. 技术技能训练与实践智慧培养的平衡

通过技术技能的训练,学生可以掌握一技之长,为未来的职业生涯打下坚实的基础。然而,单纯的技术技能训练往往只关注技能的操作层面,忽视了对学生思维能力、创新能力和解决问题能力的培养。这种模式下培养出来的学生可能具备一定的技能水平,但在面对复杂多变的实际问题时往往束手无策。相比之下,实践智慧培养更注重学生的综合素质和创新能力。实践智慧是指学生在实践中所表现出来的智慧和能力,包括分析问题、解决问题、创新思维等方面的能力。通过实践智慧的培养,学生可以更好地适应未来社会的挑战,具备更强的竞争力和发展潜力。因此,在课程目标确立上,我们应该寻求技术技能训练与实践智慧培养的平衡。既要注重技术技能的训练,让学生掌握一技之长,又要注重实践智慧的培养,提高学生的综合素质和创新能力。只有这样,才能培养出既具备专业技能又具备实践智慧的人才。

2. 以实践为导向,强化实践智慧培养

实践性课程是指以学生实践为主要教学方式的课程,如实验、实训、课程设计等。通过实践性课程的学习,学生可以将理论知识与实际操作相结合,更好地理解和掌握技能。同时,实践性课程还可以培养学生的动手能力、解决问题能力和团队合作精神等非技术性能力。在课程设计上,应该注重课程的实践性和应用性,尽可能地将课程内容与实际工作和生活相结合。例如,可以采用案例分析、项目教学等方式来组织课程内容,让学生在分析问题和解决问题

的过程中培养实践智慧。而校企合作是一种有效的实践教学方式,可以让学生更好地了解企业的运作模式和实际需求。通过校企合作,学生可以获得更多的实践机会和实践经验,从而更好地培养实践智慧。而且,校企合作还可以促进学校与社会的联系和交流,提高学校的教育质量和社会认可度。在这过程中,评价体系是课程目标实现的重要保障。在课程评价上,应该注重对学生实践智慧的考核和评价。例如,可以采用表现性评价、过程性评价等方式来评价学生的实践能力和创新精神。通过完善的评价体系,可以更好地引导学生注重实践智慧的培养和提高。

(四)在课程价值取向上,走出单纯围绕生产世界对人的能力与素质要求的思维框架

1. 关注人的全面发展,提升综合素质

在课程价值取向上,我们应该更加关注人的全面发展,而不仅仅是局限于生产世界对人的能力与素质的要求。这就要求课程设计注重培养学生的思维能力、创新能力和解决问题的能力。通过引导学生主动探究、自主学习,激发他们的好奇心和求知欲,培养他们的独立思考和判断能力。而且,还应该注重学生的实践操作能力,通过实验、实训等方式,让学生将理论知识与实际操作相结合,提高他们的实践能力和动手能力。并且,课程设计应该注重培养学生的积极情感、良好态度和正确的价值观念。通过情感教育和德育教育,引导学生形成健康的人格和良好的道德品质,培养他们的社会责任感和公民意识。不仅如此,课程设计应该注重培养学生的团队合作能力和沟通能力。通过小组活动、项目合作等方式,让学生学会与他人合作、分享和交流,培养他们的团队协作精神和领导能力。同时,还应该注重学生的跨文化交流能力,培养他们的国际视野和跨文化沟通能力。

2. 满足多元化需求,促进个性发展

每个学生都有自己独特的兴趣、爱好和才能,课程设计应该充分考虑到学生的个体差异,提供多样化的课程选择和个性化的学习方式。一方面,课程设计应该注重多样性和灵活性。除了传统的学科课程,还可以设置选修课程、拓展课程等多样化的课程形式,让学生根据自己的兴趣和需求进行选择。同时,还可以采用灵活的教学方式和学习方式,如在线学习、混合式教学等,为学生提供更加便捷和个性化的学习体验。另一方面,课程设计应该注重学生的个

性化发展。通过个别化教学、差异化教学等方式，针对学生的不同特点和需求进行有针对性的指导和帮助。同时，还应该注重学生的自主学习和自主发展，鼓励他们根据自己的兴趣和目标进行自主探究和学习，培养他们的自主学习能力和终身学习能力。

二、网络课程建设及应用

（一）网络课程特征

1. 交互性

传统课堂中，教师授课为主导，而网络课程借助多媒体技术和在线交流工具，使教师能够实时获取学生的学习反馈，并根据学生的需求调整教学策略，个性化指导学生学习。同时，学生也能随时向教师提问、分享见解，甚至参与课程设计与改进，形成一种积极主动、平等开放的教学生态。而网络课程通过动画、视频、模拟实验等多种形式，将抽象的知识点生动形象化，鼓励学生进行探索式、自主式学习。而且，丰富的互动练习和即时评估系统可以及时检验学习效果，引导学生在试错与修正中深化理解，实现了知识从被动接受到主动建构的转变。并且，它支持多人协作完成项目、讨论解决问题，从而培养学生的团队合作能力和批判性思维。论坛、聊天室等线上社区功能为学生提供了分享观点、讨论争议的空间，促进了知识的共创共享，也锻炼了学生的沟通表达和人际交往能力。不仅如此，智能化技术的发展进一步丰富了网络课程的交互手段。人工智能辅助教学系统可以根据学生的学习行为和进度提供个性化的学习路径推荐和资源推送，使得网络课程能更加精准地满足不同学生的学习需求，极大地提升了教学效率和学习体验。

2. 共享性

在传统教育模式中，教学资源的分布往往受到地域、经济和文化等多重因素的制约，导致许多学习者无法获得优质的教育资源。而网络课程的共享性则彻底改变了这一状况。通过网络平台，优质的教学资源可以迅速传播到世界各地，无论是城市的繁华地带还是偏远的乡村，只要有网络覆盖，学习者就可以随时随地访问这些资源。这种无边界的共享性极大地促进了教育公平，使得每一个有学习愿望的人都有机会接触到优质的教育资源。不同于传统课堂的固定时间和地点，网络课程允许学习者根据自己的时间安排和学习进度来选择课程进行学习。这种灵活性使得学习变得更加便捷和高效,尤其是对于那些时间分散、地点不固定的学习者来说,网络课程的共享性为他们提供了一个随时随地学习的可能。

通过网络平台,学习者可以轻松地与来自不同地区、不同文化背景的人进行交流和讨论,分享彼此的学习经验和心得。这种跨文化的交流不仅有助于拓宽学习者的视野,更能培养他们的国际化思维和跨文化沟通能力。而且,网络课程的共享性还为学习者提供了丰富的协作学习机会,他们可以通过小组讨论、项目合作等方式共同完成学习任务,从而培养团队协作和解决问题的能力。值得注意的是,网络课程的共享性并不意味着简单的资源堆砌和复制粘贴。相反,它需要教育者精心设计和组织教学内容,确保资源的优质性和适用性。并且,还需要教育者不断更新和完善教学资源,以适应不断变化的学习需求和技术发展。只有这样,网络课程的共享性才能真正发挥其价值,为学习者提供真正有意义的学习体验。

(二)网络教学模式

1. 教学模式界定

网络教学模式的构建,基于网络环境的开放性和共享性,使得教学资源得以最大化利用。在这种模式下,教学内容不再局限于课本和教师的讲解,而是可以通过网络平台进行拓展和延伸。学生可以通过在线课程、教学视频、电子图书等多种形式获取知识,这种自主选择性极大地增强了学生的学习积极性和主动性。

传统的课堂教学往往是单向的,教师传授知识,学生被动接受。而网络教学模式则通过在线讨论、实时反馈、协作学习等方式,实现了教师与学生、学生与学生之间的多向互动。这种交互性不仅有助于提升学生的学习效果,还能培养学生的沟通能力和团队协作精神。而每个学生都有其独特的学习方式和节奏,网络教学模式能够根据学生的个体差异提供定制化的学习方案。通过智能推荐、学习路径规划等功能,网络平台可以帮助学生找到最适合自己的学习资源和路径,从而实现个性化发展。学生不再需要按时按点地到教室上课,而是可以随时随地进行学习。这种灵活性使得学习变得更加容易融入日常生活,无论是在家中、在办公室还是在路上,只要有网络连接,学生就可以进行学习。

2.教学模式的要素

网络教学模式作为一种依托现代信息技术的新型教育方式,其构建与运行离不开一系列关键要素的支撑。其中,指导整个教学活动基本结构的教学思想或理论是网络教学模式的灵魂所在,它为模式提供了深厚的学术底蕴和实践依据,确保了教学活动遵循科学规律、体现教育理念。这种教学思想可能源自建构主义、人本主义等多元教育理论,强调以学生为中心,注重知识的主动建构与个性化学习,提倡在虚拟环境中通过探究、合作与互动来实现深度学习。围绕这些教学思想,网络教学模式确立了明确而具体的教学目标,这是教学模式运作的核心导向。教学目标不仅体现了课程内容的知识性、技能性和情感态度价值观的培养要求,还决定了教学内容的选择、组织形式以及教学方法的应用。在网络教学中,教学目标通常更为多元化和层次化,旨在培养学生的自主学习能力、信息素养及创新能力,同时关注他们在虚拟环境下的社会责任感和协作精神。

3.教学模式的类型

教学模式的多样性反映了教育领域的广度和深度,每一种模式都有其独特的侧重点和价值。它们共同构成了教育这幅丰富多彩的画卷,为培养全面发展的人才提供了多元化的路径。社会模式,亦被称为社会交往模式,强调人与人之间的相互作用和社会适应能力的培养。在这种模式下,教育不仅仅是知识的传授,更是社会能力的培养和社会责任感的培育。通过小组活动、角色扮演等教学手段,学生们学会了合作、沟通、解决冲突等社会交往技能,为未来的社会生活做好了充分准备。而个性模式则注重挖掘和发展学生的内在潜能,关注整个人格的成长和完善。这种模式强调教育的个性化和差异化,尊重每个学生的独特性和创造性。通过提供多样化的学习体验和自主选择的机会,个性模式帮助学生发现自己的兴趣、优势和价值,进而实现自我认知和自我实现。

(三)教学设计

1.教学目标的设计

教学目标清晰地界定了学生在完成课程后应掌握的知识技能、应形成的素养品质以及应达到的情感态度等多元维度的要求。因此,在设计课程内容时,教师需要根据教学目标,精选那些有助于实现目标的知识点,搭建符合学生认知发展规律的知识框架,确保所传授的内容能够精准对接目标需求,使学生通过学习能够在知识体系上形成连贯、系统的建构。而且,教学目标明确了期望学生达到的学习成果,因此在教学方法的选择、教学环节的安排、教学策略的设计等方面,教师都需要围绕目标进行有针对性的构思和布局。例如,如果目标强调培养学生的实践创新能力,那么教学过程就应当注重情境模拟、项目探究等形式;若目标侧重于基础知识的扎实掌握,则可能需要更多采用讲授、练习、复习等教学手段。这样一来,教学过程得以与目标高度契合,有效驱动学生的学习动力,提升其学习效能。并且,只有预先设定了明确、可衡量的教学目标,才能在教学结束后对教学效果进行客观、公正的检验。通过对学生学习成果的对比分析,我们可以准确判断教学活动是否达成了预设的目标,从而为后续的教学改进提供关键的数据支持和决策依据。同时,教学目标也为学生自我反馈和调整学习策略提供了明确的方向,帮助他们更好地认识自己的学习进展,持续提升学习质量。

2. 教学策略的设计

在网络课程设计阶段,需要针对预设的教学目标,精心挑选与之相匹配的教学策略。这要求设计者深入理解学习内容的本质属性,洞察学生的认知需求和能力水平,从而确保所采用的教学活动程序能够有效地引导学生由浅入深、循序渐进地掌握知识技能。例如,对于复杂的理论概念,可能需要借助微课、动画演示等直观形象的方式逐步解析;而对于实践操作性强的内容,则可利用模拟实验、互动练习等动态参与方式来强化学习体验。而且,教学策略的选择与设计应充分考虑在线学习环境的特点,灵活运用多样化的教学方法以提升学习效果。在网络课程中,可以结合多媒体资源的优势,如视频讲解、音频解说、图文并茂的电子教材等,实现个性化、自主化和情境化的学习。同时,倡导问题导向、任务驱动、合作探究等新型教学模式,鼓励学生主动建构知识体系,培养其解决问题的能力及创新思维。并且,教学策略还体现在教学形式的设计上,如何激发学生的学习兴趣,保持其持久的学习动力至关重要。可以通过设置闯关挑战、积分激励、实时反馈等多种互动形式,增强课程的趣味性和吸引力,提高学生在网络环境下的专注度和投入感。

在媒体应用方面,教学策略需紧跟技术发展的步伐,积极融合现代信息技术手段,如虚拟现实、人工智能等,使教学媒介更加丰富多元,满足不同层次、不同类型学习者的需求,进一步拓宽教学边界,提高教学质量。

3. 教学内容的设计

教学内容的设计,是教育实践中的关键环节,它直接关系着学生能否有效获取知识、发展能力以及形成价值观。在设计教学内容时,教师需秉持科学性、适切性和系统性的原则,充分考虑学生的认知发展阶段、学科特点及社会需求,旨在构建既满足课程标准又具有时代活力的教学体系。教师需深入研究课程大纲和教材,把握住各学科的基本概念、原理和方法论,并在此基础上提炼出对学生未来发展至关重要的核心知识结构。还要根据国家或地方的教育目标和课程标准,确保所设计的教学内容覆盖所有必要的知识点和技能点,使学生能够达到预期的学习水平。而且,教师需要对学生的年龄特点、兴趣爱好、学习风格等进行深入了解和分析,以适应不同学生的学习需求。这意味着,在选择和组织教学内容时,既要注重知识的层次性和递进性,又要关注激发学生好奇心和探索欲望的实际情境与案例,通过问题引导、项目探究、合作学习等多种方式,鼓励学生主动建构知识体系,实现深度学习。

教师要关注学科前沿动态,将最新的研究成果和实践案例融入教学内容中,帮助学生建立与现实世界紧密联系的知识框架。同时,倡导社会责任感和公民素质培养,使教学内容不仅包含专业技能的传授,也涵盖情感态度、价值观的塑造,促使学生成为全面发展的人才。并且,教学内容设计还需兼顾知识的传承与创新。一方面,教师要尊重并传承人类文明积累的宝贵知识遗产,让学生在掌握基础知识的过程中领略智慧之美;另一方面,鼓励学生批判性思考,培养他们独立解决问题的能力,从而在继承传统的基础上有所创新,不断推动学科的发展进步。

三、网络课程的结构

(一)网上学习系统

网络课程作为现代教育技术的产物,凭借其独特的传播方式与灵活的学习模式,为学生提供了广阔的知识获取平台。在网络课程中,教学内容以动态Web页的形式呈现,这种形式突破了传统教室的空间和时间限制,使得学生可以根据自身的学习需求、进度以及兴趣偏好,在任何时间和地点自由选择相应的科目进行自主学习。

网络课程资源丰富多元,涵盖了课程的电子教案、多媒体课件、详尽的教学大纲及各类习题等多种教学材料。电子教案以其图文并茂、实时更新的特点,确保了信息的时效性和准确性;多媒体课件则通过音频、视频、动画等手段生动形象地展示复杂的理论知识或实践操作,极大地增强了学生的理解和记忆;而教学大纲如同地图一般指引着学生把握课程整体脉络和学习路径;习题库则通过多样化的练习题目,帮助学生巩固所学,检验自身对知识点的掌握程度。为了使学生在网络环境中能够高效有序地进行学习,网络课程必须具备明确且易用的导航系统。这套导航系统犹如一座知识迷宫中的路标,引导学生从主干到分支,由浅入深地逐步探索各个学习模块,避免迷失在海量的信息之中。它不仅清晰展示了课程结构和各部分内容间的逻辑关系,还能够根据学生的学习行为提供个性化的学习建议和路径推荐,从而极大地提高学习效率。并且,优秀的网络课程还会配备互动交流平台和即时反馈机制,以便于学生提问答疑、分享心得、提交作业,并及时得到教师或其他同学的回应与评价,形成良好的在线学习社区氛围。这样,网络课程就不再仅仅是一个静态的知识仓库,而是转变为一个充满活力、互动频繁的学习生态系统,助力每一位参与者在自我驱动下实现深度学习和全面发展。

(二) 网上答疑、讨论系统

在学生与教学内容的交互层面,网络课程的设计通常采用多媒体和富媒体形式,如视频讲解、动画展示、虚拟实验等多元化的教学手段,使静态的知识点转化为生动直观的信息,鼓励学生主动参与、深度理解并积极反馈。这种动态交互过程极大地提升了学生对知识的接纳度和掌握度。而关于学生与教师的交流,网络课程依托在线答疑系统、实时聊天工具以及论坛讨论板块等多种平台,为师生之间架起便捷高效的沟通桥梁。教师可以及时回应学生的疑问,给予个性化的指导和帮助;同时,网上答疑和讨论系统使得问题解答不再受制于时间和空间限制,有效弥补了传统课堂教学中的局限性。最为突出的是学生之间的交流作用。借助网络平台,学生们可以随时随地发起或参与到各类学术探讨中,通过观点碰撞、思维互补,共同解决学习过程中遇到的问题。例如,在线讨论区、留言板等形式为学生提供了一个自由发表见解、分享心得的空间,他们的发言得以迅速传播,引发更多同学的关注与思考,从而形成浓厚的学习氛围,增强整体学习兴趣。

不仅如此,学生间的合作交流还有助于培养团队协作精神和批判性思维能力,他们能够在互助互学的过程中深化对知识的理解,并学会从他人的观点中汲取养分,提升自我认知水平。这样的互动交流机制,既减轻了教师在答疑解惑方面的压力,也充分调动了学生自主学习的积极性,有力地促进了教学质量与效率的双重提升。

(三)网上自测试系统

在现代网络教学环境中,网上自测试系统作为一项重要辅助工具,为学生提供了便捷、高效的学习自我检测途径。该系统内建有丰富的试题库,这些试题库由教师精心设计与筛选,涵盖了各学科的众多知识点和技能点,确保了题目的全面性与针对性。教师根据课程内容及教学目标,编制出多份具有代表性的试卷并存入试题库中,供学生随时调用。

学生通过网上自测试系统,可以根据自身的学习进度和复习需求,灵活选择合适的试卷进行答题练习。在答题过程中,他们不仅能检验对所学知识的掌握程度,还能在模拟考试场景下锻炼解题技巧和应试心理素质。完成试卷后,学生可以立即提交答案,而系统则会依据预设的标准答案和评分规则,自动批阅学生的试卷,并实时生成详细的分数报告。统计成绩是网上自测试系统的核心功能之一,它能快速准确地对学生答题情况进行量化评估,帮助学生直观了解自己在各个知识点上的得分情况以及整体水平。此外,系统还会进一步分析学生的答题数据,揭示其学习优势和薄弱环节,以便学生有针对性地调整学习策略,提高学习效率。尤为重要的是,网上自测试系统还具备强大的反馈功能,能够将学生的答题结果、错题解析以及改进建议等信息及时反馈给学生。这种即时反馈机制不仅有助于学生及时查漏补缺,强化记忆,更能在一定程度上激发他们的学习积极性,促使他们在反思与改进的过程中不断进步,实现自我提升。

第二节　高职课程建设标准

一、高职课程建设的现状

（一）学科本位思想在课程建设中仍根深蒂固

1. 能力本位课程模式的理念与实际教学脱节

能力本位课程模式强调以培养学生的职业能力为核心，围绕职业能力的形成和发展来组织课程内容。然而，在当前的高职教育中，很多学校仍然沿用学科本位的课程体系和课程形式，从教学内容到方法、手段几乎没有向能力本位转换。部分高职院校的课程设置仍然以学科为基础，强调知识的完整性和系统性，而没有根据职业能力的需求来调整和优化课程内容。这就导致了课程内容与职业需求的脱节，学生所学的知识无法有效地转化为职业能力。而且，在能力本位的课程模式下，教学方法和手段应该更加多样化和灵活，注重实践性和创新性。然而，在实际的教学中，很多教师仍然采用传统的讲授式教学方法，缺乏对学生实践能力和创新能力的培养。这就导致了学生虽然掌握了一定的理论知识，却无法将其应用于实际工作中。

2. 精品课程建设忽略能力本位的核心环节

在精品课程建设的过程中，很多学校只是简单地增加了一些新的课程或者对原有课程进行了一些修改，而没有对整个课程体系进行系统的设计和优化。这就导致了课程体系的结构不合理，课程内容之间缺乏有机联系，无法形成有效的能力培养体系。而且，在精品课程建设的过程中，部分高职院校没有明确的能力培养目标，只是简单地追求课程内容的丰富性和新颖性。这就导致了课程建设缺乏目标指向性，无法有效地提高学生的职业能力。

3. 课程模式缺失对高职教育的影响

课程内容与职业需求的脱节，以及教学方法和手段的单一化，导致高职教育的质量无法得到有效的提升。学生所学的知识无法有效地转化为职业能力，无法满足社会的需求。随着社会的不断发展，对人才的需求也在不断变化。如果高职教育无法及时地调整和优化课程体系，就无法培养出符合社会需求的高素质技术技能人才。这就会制约高职教育的进一步发展,甚至可能导致高职教育的边缘化。

(二)课程体系建设过程缺乏协调

1. 课程体系建设中的多部门协作问题

课程体系建设涉及教学主管部门、教学实施单位、用人单位和广大教师等多个部门,这些部门在课程体系建设中扮演着不同的角色,承担着不同的任务。然而,各部门之间缺乏有效的沟通机制和协作机制,导致课程体系建设过程中出现诸多问题。例如,教学主管部门在制定教学计划和教学大纲时,往往未能充分征求教学实施单位和用人单位的意见和建议,导致教学计划和教学大纲与实际需求脱节。同时,教学实施单位在教材建设、考核方案等方面也存在与教学主管部门和用人单位协调不足的问题,导致教材内容陈旧、考核方式单一等问题的出现。为了解决这些问题,各部门之间应建立有效的沟通机制和协作机制,共同参与到课程体系建设的过程中来。教学主管部门应广泛征求各方意见和建议,确保教学计划和教学大纲的科学性和实用性;教学实施单位应积极与用人单位合作,了解行业需求和技术发展趋势,及时更新教材内容和考核方式;用人单位则应积极参与到人才培养的过程中来,提供实习实训机会和就业指导服务等。

2. 课程体系建设中的文案材料支撑问题

课程体系建设需要一系列文案材料作为支撑,包括教学计划、教学大纲、教材、考核方案、习题等。这些文案材料是课程体系建设的重要组成部分,对于保障教学质量和提高教学效果具有重要意义。然而,在实际操作过程中,这些文案材料的编制往往存在不规范、不完善的问题。例如,有些教师在编制教学计划和教学大纲时,未能严格按照学校的规定和要求进行,导致教学计划和教学大纲的格式不统一、内容不全面;有些教材在编写过程中缺乏必要的审核和修订环节,导致教材内容存在错误或过时的问题;有些考核方案在制定过程中未能充分考虑到学生的实际情况和行业需求,导致考核方式不合理、不科学。对此,教学主管部门应制定统一的文案材料编制标准和要求,并加强对教师编制文案材料的培训和指导;教学实施单位应建立完善的文案材料审核和修订机制,确保文案材料的准确性和完整性;用人单位则应积极参与到文案材料的编制过程中来,提供必要的建议和支持。

3. 课程体系建设中的教学观念、手段和方法的联动问题

课程体系建设不仅仅是文案材料的编制和资源整合的过程,更是教学观念、教学手段和教学方法不断更新的过程。然而,在实际操作过程中,这些方面往往缺乏必要的联动和协调。例如,有些教师仍然沿用传统的教学观念和教学手段,未能及时更新自己的知识和技能;有些教师虽然尝试采用新的教学方法和手段,但由于缺乏必要的培训和支持,教学效果不佳。这些问题的出现不仅影响了课程体系建设的整体效果,也制约了人才培养质量的提升。为此,教学主管部门应定期组织教师参加各种培训和学习活动,提高教师的专业素养和教学能力;教学实施单位应积极推广先进的教学方法和手段,鼓励教师进行教学创新和实践;用人单位则应提供必要的实习实训机会和就业指导服务,帮助学生更好地适应行业需求和社会发展。

(三)重"形式",轻"内容",课程外观与实质"两张皮"

1. 课程外观的过度包装

在现代教育体系中,课程的外观往往被赋予了极高的重要性。精美的课件、花哨的教学道具、高科技的教学平台等成为许多教育机构和教师追求的目标。这些元素无疑可以增强课程的吸引力和趣味性,使学生更容易被吸引并参与其中。然而,当这些形式上的元素成为课程设计的主导时,问题便随之而来。教师可能会过分关注如何制作漂亮的课件或如何运用最新的教学技术,而忽略了课程内容的深度和广度。这种情况下,课程的外观虽然华丽,但实质上可能缺乏足够的知识量和思维深度,无法满足学生的学习需求。并且,过度关注课程外观还可能导致教育资源的浪费。为了追求形式上的完美,教育机构可能会投入大量的时间和金钱在课件制作、教学设备更新等方面,而这些投入可能并不会带来相应的教学质量提升。

2. 实质内容的缺失与浅薄

当教师将主要精力放在课程的形式上时,他们很可能没有足够的时间和精力去深入研究和准备课程内容。这可能导致课程内容过于简单、缺乏深度,甚至有时与课程目标脱节。对于学生而言,这样的课程可能无法提供足够的知识和技能,无法满足他们的学习需求。长期来看,这可能会对学生的学术表现和个人发展产生负面影响。同时,这也可能降低学生对教育的信任和满意度,使他们对学习失去兴趣和动力。

3. 课程外观与实质的脱节

当课程的外观和实质不能相互支持、相互配合时,课程的效果就会大打折扣。无论课程外观多么吸引人,如果实质内容无法满足学生的学习需求,那么这门课程就很难被认为是成功的。为了解决这个问题,高职院校和教师需要重新审视课程设计的理念和方法。着重于明确课程的目标和学生的学习需求,确保课程内容与这些目标和需求紧密相关。还要注重课程的实质内容,确保课程具有足够的知识量和思维深度。并要运用各种教学形式和手段,使课程的外观与实质相互支持、相互配合。

(四)课程建设与企业需求缺乏衔接

1. 专业定位与课程培养目标的模糊性

高职教育的核心在于培养符合市场需求的高素质技术技能人才。这就要求高职院校在专业定位和课程培养目标上必须紧密结合行业企业的实际需求。但现实中,不少高职院校在课程建设时缺乏对专业所对应的岗位群进行深入、系统的工作过程分析。这就导致了课程培养目标与岗位实际需求之间的脱节,使得培养出来的学生难以适应企业的真实工作环境。具体来说,由于缺乏对工作过程的深入了解,高职院校在设置课程时往往过于注重理论知识的传授,而忽视了实践技能的培养。这就使得学生在校期间难以接触到实际工作中所需的技能和知识,导致毕业后难以快速适应企业的工作要求。同时,由于对岗位群的能力结构和工种认识不清,高职院校在课程设置上往往缺乏针对性和实效性,使得课程体系的科学性和适应性受到严重影响。

2. 理论教学与实践教学的割裂

高职教育的特点在于其职业性和实践性,这就要求高职院校在教学过程中必须注重理论教学与实践教学的有机结合。然而,在实际操作中,不少高职院校仍采用传统的"理论教学+实践教学"的模式,将两者割裂开来。这种模式下的教学往往只注重理论知识的传授和实践技能的训练,而忽视了两者之间的内在联系和相互促进。具体来说,由于理论教学与实践教学的割裂,学生在学习过程中往往难以将所学理论知识应用到实践中去,导致理论与实践的脱节。而且,由于缺乏真实的工作环境和实际案例的支持,学生在实践环节中也难以形成高水平的职业技能和职业知识素质。这种割裂的教学模式不仅影响了学生的学习效果,也制约了高职教育的整体发展。

3. 缺乏与企业深度合作的有效机制

在现实中,不少高职院校与企业之间的合作仍停留在表面层次,缺乏深度和实效性。这主要表现在合作内容单一,往往只局限于实习实训、就业推荐等方面,而且,合作方式简单,往往只采用"校企合作班""订单培养"等形式,并且,合作效果相对不佳,往往难以满足企业的真实需求和期望。由于缺乏与企业深度合作的有效机制,高职院校难以深入了解企业的实际需求和期望,导致培养出来的学生难以满足企业的要求。不仅如此,由于缺乏与企业的深度合作,高职院校也难以获得企业的技术支持和资源共享,制约了自身的发展。因此,建立起与企业深度合作的有效机制是实现高职教育与企业需求紧密对接的关键所在。

二、高职课程建设标准的内涵

(一)课程标准的职业性

1. 课程内容与职业需求的紧密对接

高职教育的核心目标是培养学生的职业技能和职业素养,使其能够胜任未来的工作岗位。因此,高职教育的课程内容必须与职业需求紧密对接,确保学生所学能够所用。

高职教育的课程内容应该根据行业企业的实际需求进行设置,通过深入调研和分析行业企业的发展趋势、技术更新和人才需求,确定课程内容的重点和方向。同时,邀请行业企业的专家和技术人员参与课程设计和教学实施,确保课程内容的实用性和前瞻性。还应该注重实践性和应用性。通过大量的实验、实训和项目实践,让学生在做中学、学中做,将理论知识转化为实践技能。并要加强与企业的合作,开展校企合作、工学结合的教学模式,让学生在真实的工作环境中进行学习和实践,提高其职业适应能力。不仅如此,高职教育的课程内容应该随着职业需求的变化而不断更新。通过定期修订课程标准、更新教学内容和引入新技术、新工艺,确保课程内容的时效性和先进性。同时,鼓励学生自主学习和终身学习,培养其适应职业变化的能力。

2. 课程实施与职业情境的深度融合

高职教育的课程实施应该与职业情境深度融合,让学生在真实的或模拟的职业情境中进行学习和实践。通过创设真实的或模拟的职业情境,让学生在情境中进行角色扮演、任务完成和问题解决,培养其职业思维和实践能力。还要充分利用现代信息技术手段,如虚拟现实、增强现实等,创设更加逼真和丰富的职业情境,提高学生的学习兴趣和体验效果。并且,通过引入真实的职业案例,让学生在分析和解决案例的过程中掌握相关知识和技能。同时,邀请企业人员参与案例教学,分享其实际工作经验和解决方案,提高学生的职业认知和实践能力。最为重要的是,高职教育的课程实施应该注重项目教学。通过设计综合性的项目任务,让学生在完成项目的过程中综合运用所学知识和技能,这离不开企业的合作与支持,通过加强与企业的合作,开展校企合作项目,让学生在真实的工作环境中进行项目实践,提高其职业适应能力和团队协作能力。

3. 课程评价与职业资格的有机衔接

高职教育的课程评价应该注重过程性评价和结果性评价的结合。通过对学生学习过程中的表现、作业、实验、实训等进行评价,以及对其学习成果进行综合考核,全面评价学生的学习效果和职业技能水平,引入行业企业的评价标准和评价方式,使课程评价更加客观和公正。还要与职业资格认证相衔接。通过将课程评价与职业资格认证相结合,使学生在完成学业的同时获得相应的职业资格证书或技能等级证书。这不仅可以提高学生的就业竞争力,还可以为其未来的职业发展打下坚实的基础。并要注重反馈和改进,通过对学生学习成果的反馈和分析,找出课程教学中的不足和问题,及时进行改进和优化。

（二）课程标准的针对性

1. 高职课程的个性化特点与区域经济需求对接

高职课程面向区域经济的需求设置,是其区别于普通高等教育的重要特征之一。区域经济的发展往往受到地方资源、产业结构、政策环境等多重因素的影响,因此,高职课程在设置上必须充分考虑这些因素,确保课程内容与区域经济需求紧密对接。为了实现这一目标,高职课程在设置过程中应进行深入的市场调研和行业分析,准确把握区域经济的发展趋势和行业需求。同时,还需要与地方政府、企事业单位等建立紧密的合作关系,共同参与到课程的设计和实施过程中来。通过这种方式,可以确保高职课程既符合高等教育的普遍性要求,又能够满足区域经济的个性化需求。

2. 课程标准的针对性设计

高职课程面向的工作岗位和行业需求具有多样性,因此在设计课程标准时不能采用"一刀切"的方式。相反,应根据不同课程和工作岗位的特点,制定具有针对性的课程标准。具体来说,应根据具体的工作岗位和行业需求,明确学生应掌握的知识和技能,还有就是课程内容的选择,应结合工作岗位的实际需求,选择具有实用性和前瞻性的教学内容,并且教学方法和手段的运用,应根据学生的认知特点和课程性质,采用恰当的教学方法和手段,提高教学效果。通过针对性的课程标准设计,可以确保高职课程更加贴近实际工作需求,提高学生的就业竞争力和职业发展能力。

3. 课程标准的动态更新

随着社会经济的不断发展和行业需求的不断变化,高职课程的标准也需要不断地进行更新和优化。这是因为,过时的课程标准不仅无法满足当前的社会需求,还可能对学生的职业发展产生负面影响。为了实现课程标准的动态更新,需要建立一套完善的信息反馈和修订机制。具体来说,应定期收集来自用人单位、毕业生、任课教师等方面的反馈信息,对课程标准的实施效果进行评估。同时,还需要关注行业的发展动态和技术的更新换代,及时将最新的行业知识和技能纳入课程标准中来。通过这种方式,可以确保高职课程始终与行业需求保持同步,为学生的职业发展提供有力的支持。

(三)课程标准的全面性

1. 课程内容的全面覆盖

高职教育课程标准的全面性着重体现在课程内容的全面覆盖上,这意味着课程标准应涵盖学生所需掌握的所有知识和技能,包括专业基础知识、实践技能、职业素养等方面。专业基础知识是高职教育课程体系的基石,包括学科基础理论和基本概念。通过系统学习,学生能够掌握专业领域的基本框架和知识体系,为后续的专业学习和职业发展打下坚实基础。而高职教育注重培养学生的实践操作能力。因此,课程标准应明确列出学生需要掌握的各项实践技能,如实验操作、设备操作、软件应用等。通过实践教学和技能训练,学生能够将理论知识转化为实际能力,提高解决问题的能力。除了专业知识和技能外,职业素养也是高职学生必备的重要素质。课程标准应包含对学生职业素养的培养要求,如职业道德、沟通协作能力、创新思维等。这些素养的培养有助于提升学生的综合素质和就业竞争力。

2. 课程结构的全面设计

高职教育课程标准的全面性还体现在课程结构的全面设计上。这意味着课程标准应合理安排各类课程的比例和关系,形成一个科学、系统的课程体系。应强调理论与实践相结合,在课程标准中应合理安排理论课程和实践课程的比例。既要确保学生掌握必要的理论知识,又要给予充分的实践机会,培养学生的实际操作能力。

必修课程是确保学生掌握核心知识和技能的基础,而选修课程则能够满足学生的个性化需求和兴趣爱好。在课程标准中,应明确列出必修课程和选修课程的清单,并规定相应的学分要求。这样既能保证学生的基本学习质量,又能提供灵活多样的学习选择。并且,基础课程和专业课程是高职教育的两个重要组成部分。基础课程为学生打下宽广的知识基础,而专业课程则针对特定领域进行深入学习。在课程标准中,应确保基础课程与专业课程之间的有机衔接,避免知识断层和重复学习。

3. 课程实施与评价的全面性

课程标准应明确列出课程的教学目标、教学内容和教学难点等重点要素。教师在授课过程中应参照这些要求,确保教学质量和效果。而且,高职教育注重教学方法的多样性和灵活性,课程标准应鼓励教师采用案例教学、项目教学、情境教学等实践性强的教学方法,激发学生的学习兴趣和积极性。为了保证课程的顺利实施,课程标准应明确列出所需的教学资源,如教材、实验设备、教学软件等。学校应提供充足的资源支持,确保教师能够按照标准要求开展教学活动。并且,高职教育课程标准应采用多元化的评价方式,包括理论考试、实践操作考核、作品展示等。这些评价方式能够全面反映学生的学习效果和职业能力水平,为改进教学和提升质量提供有力依据。

三、教师观念角色的转变

(一)从"知识权威"向"学习者"角色的转变

1. 市场调研与课程定位

在高职教育中,市场调研是确保课程与市场需求紧密对接的关键环节。教师必须走出书斋,深入市场,了解用人单位对人才的需求状况,以及行业发展趋势和技术变革情况。通过与企业人员的深入交流,教师可以获得第一手的市场信息,为课程定位提供重要依据。在市场调研的基础上,教师需要与企业人员一起进行能力需求分析,研究确定课程的定位。这包括确定课程新的能力目标、知识目标和素质拓展目标。能力目标应注重培养学生的实际工作能力,使其具备胜任岗位工作所需的技能;知识目标应注重传授学生必要的专业知识和理论知识,为其职业发展奠定坚实基础;素质拓展目标应注重提升学生的职业素养和综合素质,培养其创新精神和团队合作能力。

为了确保课程定位的准确性,教师还需要对课程进行全面的规划和设计。这包括确定课程的教学内容、教学方法、教学资源等。教学内容应紧扣课程目标,注重实用性和前瞻性;教学资源应充分利用校内外的教学资源,为学生提供良好的学习环境和实践机会。

2. 立足实践,深入企业

高职教育的目标是培养高素质的技术技能人才,这就要求教师必须立足实践,深入企业,了解实际工作环境和工作流程。通过企业实践,教师可以获得宝贵的实践经验,丰富自身的实践知识,提升实践教学能力。在企业实践中,教师应注重与企业人员的交流与合作。通过与企业人员的共同工作,教师可以了解企业的生产流程、技术标准、管理方式等,为实践教学提供有力支持。同时,教师还可以将企业中的实际问题引入课堂,引导学生进行分析和解决,培养学生的实际工作能力。为了增强实践教学的效果,教师还需要注重实践教学的设计与实施。这包括确定实践教学的目标、内容、方式等。实践教学目标应与课程目标相一致,注重培养学生的实际操作能力和创新能力;实践教学内容应紧扣课程目标,注重实用性和典型性;实践教学方式应采用多样化的教学手段,如案例教学、项目教学等,激发学生的学习兴趣和积极性。

3. 尊重学生的主体性,实现教学相长

在高职教育中,学生是学习的主体,教师应充分尊重学生的主体地位,发挥学生的主体作用。在课程实施过程中,教师应耐心聆听学生的意见和建议,充分信任学生的能力,尊重学生表达的权利。通过与学生的交流与合作,教师可以更好地了解学生的学习需求和兴趣爱好,为课程实施提供有力支持。在课程设计和实施过程中,教师应关注学生的个性特点和兴趣爱好,采用多样化的教学手段和方法,满足学生的不同需求。同时,教师还应注重培养学生的自主学习能力和创新精神,引导学生积极探索、勇于实践。

在课程实施过程中,教师不仅要传授知识,还要引导学生思考、探索和创新。通过与学生的交流与合作,教师可以发现自身的不足之处,不断提升自身的专业素养和教学能力。同时,学生也可以从教师的指导中获得启发和帮助,不断提升自身的综合素质和职业能力。这种教学相长的过程有助于形成良好的师生互动关系,提升高职教育的教学质量和效果。

(二)课程实施从“独白”向“对话”的转变

1. 课程实施中,合作、表达与知识应用能力的培养

在课程实施中,教师应通过小组合作、项目学习等方式,鼓励学生之间的协作与交流。这种合作不仅限于学生之间,还应包括师生之间的合作。通过共同参与、互相支持,学生可以学会如何与他人有效沟通、如何分工协作、如何解决冲突,从而培养出良好的团队合作精神。而且,在课程实施中,教师应提供多种机会让学生展示自己的观点、成果和想法。无论是口头报告、书面作业还是多媒体展示,都应鼓励学生积极参与。通过不断的表达与反馈,学生可以提升自己的自信心和沟通技巧,为未来的职业生涯打下坚实基础。并且,在课程实施中,教师应注重理论与实践的结合,设计具有挑战性和实际应用价值的任务。通过案例分析、模拟实训、企业实习等方式,学生可以将在课堂上学到的知识应用到实际工作中,从而加深对知识的理解并提升解决问题的能力。

2. 建立新型师生关系:从“独白”到“对话”

传统的师生关系中,教师往往是知识的传递者,而学生则是被动的接受者。这种“独白”式的教学方式忽视了学生的主体性和能动性,不利于培养学生的创新思维和实践能力。因此,必须建立一种新型的师生关系,使教学转变为师生间的"对话"。在这种新型的师生关系中,教师应成为学生学习的引导者和合作者。他们不仅要传授知识,更要激发学生的学习兴趣、培养学生的自主学习能力。学生则应从被动的接受者转变为主动的参与者,积极参与到课程的各个环节中,与教师共同探索、共同学习。为了实现这种转变,教师应注重与学生的沟通与交流。他们应倾听学生的想法和意见,尊重学生的个性和差异,为学生提供个性化的指导和帮助。同时,教师还应鼓励学生之间的互相学习和合作,营造一种积极、开放的学习氛围。

(三)从知识内容的传"道"者向课程的设计者和组织者转变

1. 教师角色转变的背景与必要性

在传统的高职教育中,教师主要扮演着知识传授者的角色,负责将教材内容传授给学生。然而,这种单向的知识传递方式已经不能满足现代教育的需求。一方面,随着信息技术的快速发展,学生获取知识的渠道日益多样化,单纯的知识传授已经不再是教师的唯一任务;另一方面,社会对人才的需求也在不断变化,高职院校需要培养具备创新能力、实践能力和团队协作能力的高素质人才。因此,高职院校教师需要从传统的知识传授者向课程的设计者和组织者转变。这种转变有助于教师更好地把握课程内容和教学进度,根据学生的实际情况和需求进行有针对性的教学设计。同时,教师作为课程的组织者,可以引导学生积极参与课堂活动,激发学生的学习兴趣和动力,培养学生的自主学习能力和创新精神。

2. 教师作为课程设计者的实践路径

作为课程设计者,教师需要具备扎实的专业知识和广泛的教育背景,能够根据学科特点和学生需求进行课程设计。具体实践路径包括:教师应深入研究教材和课程标准,明确教学目标和要求,充分了解教材和课程标准的要求,结合学生的实际情况和学科特点,制订明确的教学目标和教学计划。整合教学资源,设计丰富多样的教学内容。教师需要积极整合校内外的教学资源,包括企业资源、行业资源、网络资源等,设计具有实用性、前瞻性和趣味性的教学内容,以满足学生的学习需求。而且,教师在设计课程时需要考虑课程的整体性和系统性,确保各个教学环节之间的衔接和配合,形成完整的教学体系。

四、高职课程评价指标体系的构建

(一)高职课程评价指标建设原则

1. 职业性原则

从课程内容设计层面出发,职业性原则要求评价指标必须围绕职业岗位能力标准展开,确保课程教学内容紧贴行业实际,涵盖专业领域内的关键技能与知识要点。这需要对各类职业岗位进行深度剖析,提炼出相应的技能点,并将这些技能点融入课程大纲中,作为评价课程目标达成度的重要依据。在教学方法与手段上,职业性原则体现在倡导"做中学,学中做"的工学结合模式,重视实践教学环节,强调理论知识与实际操作的深度融合。因此,评价指标应关注教师是否运用情境模拟、案例分析、项目实训等多种教学方式,引导学生通过亲身体验积累实践经验,提升职业技能水平。

评价体系的职业性还体现在对教学效果的考察上,除了考核学生的理论知识掌握程度,更要注重对其职业能力和素质的全面评估,包括解决问题的能力、团队协作精神、职业道德操守以及终身学习意识等非认知领域的表现。这要求评价指标能够精准捕捉并量化反映学生的综合素质和职场竞争力。并且,高职课程评价指标建设中的职业性原则还延伸至师资队伍建设和校企合作等方面。评价体系需考量教师是否具备丰富的行业背景和实践经验,能否有效实现产教融合;同时,也要考察学校与企业之间的深度合作情况,如实习实训基地建设、校企联合开发课程资源等,确保人才培养方案与市场需求高度契合。

2. 多元化原则

从评价内容的角度来看,多元化原则要求我们构建涵盖知识技能、思维能力、职业素养、情感态度等多维度的评价指标。例如,在专业技能方面,不仅考查学生对理论知识的理解与应用,还要关注他们实际操作、解决复杂问题的能力;同时,在非认知领域,如团队协作精神、职业道德修养、创新意识等方面也需设定相应的评价指标,力求使评价结果更加立体且全面。除了传统的笔试、口试、实操考核外,还可以采用项目化评价、同伴互评、自我评价、过程性评价等多种方式,将形成性评价与终结性评价相结合,从而真实反映出学生的学习进步和成长轨迹。例如,通过记录并分析学生在项目实施中的角色扮演、沟通协调、解决问题的过程,可以深入评估其综合能力和职业素养。

多元化原则还体现在评价主体的广泛参与上。不再仅限于教师作为单一评价主体,而是鼓励企业专家、行业导师、同学甚至自我的深度介入,形成多方参与、多元反馈的评价机制,确保评价信息来源的丰富性和客观性,进一步提升评价结果的可信度和指导价值。并且,多元化原则在评价标准的确立上亦有所体现,倡导适应不同层次、不同类型学生个性化发展的差异性评价。这需要我们在设计评价指标时充分考虑学生的个体差异,尊重和包容他们的学习特点与特长,使得评价既能激励先进,又能关怀后进,助力每一位学生在各自擅长的领域取得长足的进步。

3. 可实施性

一个具有良好可实施性的评价指标体系应清晰地定义每个评价指标的具体内容、标准及权重,使教师和学生能准确理解并有针对性地进行教学和学习。例如,在课程内容掌握度的评价中,应详细列出各项知识点或技能点的要求等级,并提供相应的评分细则,便于客观公正地评估学生的学习成果。而且,所采用的评价方式需简单易行,既能反映学生的知识理解和应用能力,又能涵盖技能操作、创新思维等多元化的学习成果。比如,可以结合课堂表现、作业完成情况、项目实践、期末考试等多种方式进行综合评价,既减轻了单一评价方式可能带来的压力,又能够全面、立体地反映出学生的学业水平。

随着社会经济环境的变化以及行业技术的发展,职业教育的内容和形式也需要相应更新。因此,评价指标应具有一定的灵活性和开放性,可以根据课程改革的实际需要及时做出调整和完善,以保持评价活动的有效性和针对性。并且,学校应当合理配置人力、物力资源,确保评价过程得以顺利进行;同时,充分利用现代信息技术手段,如网络平台、智能评测系统等,提高评价效率,减少主观误差,使得评价结果更加公正可靠。

(二) 高职课程评价指标体系的构建策略

1. 以职业能力培养为核心,构建全面细致的评价指标体系

在高职教育中,培养学生的职业能力是根本任务。因此,构建高职课程评价指标体系时,必须紧紧围绕职业能力的培养这一核心目标。这意味着评价指标应涵盖知识、技能和态度等多个维度,确保学生的全面发展。

在知识维度上,评价指标应关注学生对专业基础知识和核心理论的掌握

程度。这可以通过书面测试、课堂表现等方式进行评估，以检验学生对专业知识的理解和应用能力。而在技能维度上，评价指标应重点考查学生的实践操作能力。这包括实验、实训、课程设计等实践性教学环节的表现，以及学生参加职业技能竞赛、获得职业资格证书等情况。通过这些评价，可以直观地反映学生的技能水平和职业素养。并且，评价指标应关注学生的学习态度、团队协作精神、创新意识等非技术性能力。这些能力对于学生的职业发展同样至关重要，可以通过观察学生在课堂内外的表现、参与课外活动的积极性等方面进行评估。

为了确保评价指标体系的全面性和细致性，还需要对行业企业的需求进行深入调研，了解当前及未来一段时间内行业对人才的具体要求。这样，构建出来的评价指标体系才能更具针对性和前瞻性，更好地服务于高职教育的培养目标。

2. 注重多元评价主体的参与，确保评价结果的客观公正

教师作为课程教学的直接实施者，对学生的学习情况有着深入的了解，学生作为学习的主体，对课程质量和教学效果有着最直接的感受，企业作为用人单位，对毕业生的职业技能和素养有着明确的要求。因此，在构建评价指标体系时，应充分听取这些主体的意见和建议，确保评价指标能够真实反映各方的需求和期望。除了传统的笔试、面试等评价方式，还可以引入工作样本评价、表现性评价、档案袋评价等多元化评价方法。这些方法能够更全面地反映学生的学习成果和职业技能，增强评价的准确性和有效性。同时，还可以利用信息技术手段，如大数据分析、学习管理系统等，对学生的学习过程进行持续跟踪和评估，为课程改进和教学优化提供有力支持。

第七章 高职教师专业能力建设

第一节 高职教师学习和自我发展能力的培养

一、系统学习能力

（一）自学能力

1.选择能力

在当今教育环境中,教师的角色已经超越了传统的知识传授者,他们不仅要引导学生掌握学科知识,更要深刻理解并传递一个重要的理念:对学习内容的明智选择是决定学习成效的关键因素。在这个信息爆炸的时代,知识犹如浩渺海洋,若不加甄别与选择地一味吸纳,反而可能导致学习效率低下,甚至迷失方向。因此,教师应当培养学生懂得"有所不为才能有所为"的智慧,即明确自身的学习目标和兴趣所在,有针对性地选取学习内容,避免盲目跟从或追求大而全的知识体系。

进一步而言,学习过程中的"有所止之"并非消极的停步不前,而是指一种主动、审慎的选择策略。这要求教师和学生共同认识到,学习不是简单地积累信息,而是深度理解和内化知识的过程。在面对繁杂的学习资源时,能够识别并放弃那些与核心目标关联性弱、价值有限的内容,转而聚焦于关键领域,深入挖掘,做到精益求精。只有这样,才有可能实现真正的学有所成,取得实质性的学术进步和个人发展。换句话说,教师应当教导学生树立一种高效且富有洞察力的学习观,强调精准定位、理性取舍的学习方法。这种观念下的学习行为不再是对知识的无尽追逐,而是像一位经验丰富的航海家,在广袤的知识海洋中找准航向,明确目的地,并以坚定的决心和冷静的判断力去探索、去收获。唯有如此,才能真正实现"有所止之"的智慧学习,从而在学业上取得突破,实现个人能力的最大化提升与发展。

2. 坚持能力

在当代社会,教师作为知识的传播者和学生成长的引路人,其自身的学习态度和坚持性显得尤为重要。学习,对于教师而言,不仅是一个不断提升自我、更新知识的过程,更是一种精神的磨砺和品格的锻造。在这个过程中,坚持性成为区分优秀教师和普通教师的关键品质。教师的学习不同于一时的兴趣所致,它需要持之以恒的努力和不断克服困难的决心。面对日新月异的教育理念和层出不穷的教学方法,教师如果缺乏坚持性,很容易就会在学习的道路上迷失方向,甚至选择放弃。而那些能够始终保持热情,不断探索和实践的教师,往往能够在教育的海洋中乘风破浪,最终达到理想的彼岸。坚持性之所以重要,是因为它直接关系到教师个人专业成长的深度和广度。学习新知识、掌握新技能都需要时间的积累和反复的实践。没有坚持性,就意味着无法将学习进行到底,自然也就无法真正掌握所学内容,更谈不上将其应用于实际教学中。只有那些不畏艰难、勇于攀登的教师,才能在专业的道路上越走越远,从而成为学生心目中的楷模和榜样。

学生是教师的镜子,他们不仅会模仿教师的知识和技能,更会潜移默化地受到教师学习态度的影响。一个在学习上缺乏坚持性的教师,很难培养出有恒心和毅力的学生。相反,那些以身作则、坚持不懈的教师,往往能够激发出学生内在的学习动力,引导他们形成良好的学习习惯和品质。

(二)信息资料的加工利用及整合能力

1. 信息资料的加工利用及整合能力是教师专业成长的基础

在信息爆炸的时代,教师需要具备对信息的高度敏感性,能够从海量的信息中筛选出有价值的内容。这种能力的表现之一就是对来自学生、学校、媒体以及学术刊物、著作等多方面的信息进行广泛的接收。教师需要时刻关注教育领域的新动态、新成果,以便及时调整自己的教学策略,提升教学质量。对信息的利用率也是教师这一能力的重要体现。面对纷繁复杂的信息,教师需要具备筛选、简化、归类、存档的能力,以便在需要时能够快速准确地找到所需信息。这种能力的运用不仅有助于教师提高工作效率,还能够为学生的学习提供更为精准有效的指导。信息资料的加工利用及整合能力还体现在教师能够将不同来源、不同形式的信息进行有机融合,形成新的知识体系。这种能力有助于教师拓宽视野、丰富知识内涵,从而在教学过程中为学生提供更为丰富多样的学习资源和学习体验。

2. 外语水平是教师适应新时代教育要求的必备技能

随着全球化的不断深入，国际交流与合作日益频繁。为了适应这一趋势，教师需要具备一定的外语水平，以便更好地参与国际交流、借鉴国外先进的教育理念和教学方法。良好的外语能力不仅能够为教师提供更广阔的学术视野，还能够为其职业发展带来更多机遇。而且，外语能力也是教师进行双语教学的必要条件。随着双语教育的普及和发展，越来越多的学校开始尝试开设双语课程。教师需要具备一定的外语水平，才能够胜任双语教学任务，为学生提供更为优质的双语学习环境。

3. 信息资料的加工利用及整合能力协同促进教师专业素养的提升

信息资料的加工利用及整合能力和外语水平虽然属于不同的能力范畴，但二者之间却存在着密切的联系。一方面，信息资料的加工利用及整合能力有助于教师提高外语学习效率。通过对外语学习资料的筛选、归类和整合，教师可以更加有针对性地进行外语学习，提高学习效果。另一方面，外语水平的提升也能够反过来促进教师信息资料的加工利用及整合能力的发展。通过外语学习，教师可以接触到更多的国际先进教育理念和教学方法，从而丰富自己的信息来源和知识体系。

二、社会环境适应能力

（一）对适应的一般理解

1. 适应客观环境的变化

随着新兴技术的崛起和传统产业的升级转型，教学内容需及时更新，确保传授的知识技能与时俱进，满足企业和社会的实际需求。这意味着教师不仅要具备扎实的专业功底，还需持续拓宽视野，关注行业动态，将前沿技术和最新研究成果融入课程体系，为学生打造具有前瞻性和实用性的学习环境。而且，教师要灵活调整教学方法，倡导以学生为中心的教学模式。面对"90后"乃至"00后"学生群体的特点，教师需要转变传统灌输式教育观念，注重培养学生的创新思维和实践能力。通过项目驱动、案例分析、模拟实训等多种教学手段，激发学生的学习兴趣，提高他们的自主探究能力和团队协作精神，使他们在解决实际问题中深化对知识的理解和掌握。在信息技术飞速发展的今天,教师必须紧跟时代步伐,不断更新自我,提升教育教学信息化应用水平,利用现代信息技术丰富教学手段,优化教学效果。同时,积极参与各类专业研修和学术交流活动,拓宽学术视野,保持学术研究活力,从而更好地指导和服务于学生的成长成才。

2. 建立新的人际关系

在当前复杂多变的社会环境中,高职院校的教师面临着从传统教学模式向新型教学模式转型的重要任务,而适应这一转变不仅体现在教学内容、方法和手段的革新上,更深层次地反映在他们如何构建并维护新的人际关系网络中。随着教育环境的变化,建立新型人际关系不仅是对教师应对环境挑战的基本要求,更是其个体专业成长与人格成熟不可或缺的关键环节。通过与企业专家的深度合作与交流,不仅能及时了解行业动态,引入实际案例丰富教学内容,更能为学生搭建实习实训平台,实现理论与实践的有效结合。这种跨界沟通与合作,实质上是教师扩大人脉资源、提升社会影响力的过程,也是其在快速变化环境下实现自身价值和教育目标的必要途径。

在信息爆炸的时代背景下,"90后""00后"的学生具有更强的独立思考能力和个性化需求,教师需要改变传统的权威角色,转为引导者和陪伴者的角色,以平等、开放的态度倾听学生的观点,尊重他们的个性差异,并在此基础上提供有针对性的指导和支持。良好的师生互动关系能够激发学生的学习热情,促进其全面成长。

(二)社会环境适应的能力与发展

1. 高职院校教师社会环境适应能力的重要性

高职院校教师社会环境适应能力是指教师在面对不断变化的社会环境时,能够迅速调整自己的心态、行为和教学方式,以适应社会发展对高职教育的新要求。这种能力包括对市场需求的敏锐洞察力、对新技术新方法的快速学习能力、对多元文化的包容和理解能力等。

随着科技的飞速发展和产业结构的不断升级,社会对技术技能型人才的需求也在不断变化。高职院校教师必须具备敏锐的市场洞察力,及时了解行业动态和企业需求,才能培养出符合社会需要的高素质技术技能型人才。而且,在信息化、全球化的背景下,高职教育面临着前所未有的挑战和机遇。高职院校教师需要不断学习和掌握新技术、新方法,创新教学模式和手段,以提高教学质量和效果。不仅如此,高职院校教师需要具备跨文化交流的能力和对多元文化的包容心态,才能更好地与学生沟通交流,促进学生的全面发展。

2. 高职院校教师社会环境适应能力的发展途径

高职院校教师可以通过参加行业会议、企业调研等方式,了解行业发展趋势和企业需求变化,及时调整专业设置和课程内容,还可以与企业合作开展项目式教学、实习实训等活动,让学生在实际工作环境中学习和掌握专业技能。随着信息技术的飞速发展,多媒体教学、网络教学等新型教学模式已成为高职教育的重要组成部分。高职院校教师需要不断提升自己的信息化教学能力,熟练掌握各种教学软件和平台的使用技巧,以便更好地开展线上线下混合式教学。而且,教师还可以通过参加在线课程学习、网络研修等方式,不断拓宽自己的知识视野和教学思路。

在全球化背景下,跨文化交流能力已成为高职院校教师必备的素质之一。教师可以通过参加国际学术会议、访学交流等活动,了解不同国家和地区的文化差异和教育理念,提升自己的跨文化交流能力。同时,教师还可以在课堂上引入多元文化元素,培养学生的国际视野和跨文化交流能力。

3. 高职院校教师社会环境适应能力发展的保障措施

高职院校应建立健全教师培训体系,定期开展针对不同层次、不同专业教师的培训活动。培训内容应涵盖教学理念更新、教学方法创新、行业动态分析等方面,以帮助教师提升社会环境适应能力。同时,学校还应鼓励教师参加国内外学术会议和研修项目,拓宽教师的学术视野和交流渠道。为了激发教师提升社会环境适应能力的积极性和主动性,高职院校应优化激励机制。例如,可以设立教学改革创新奖、行业影响力奖等荣誉奖项,表彰在社会环境适应方面表现突出的教师;同时,将教师的社会环境适应能力纳入职称评审、绩效考核等评价体系中,以形成有效的激励和约束机制。

高职院校应注重营造良好的校园文化氛围,为教师提供宽松、和谐的工作环境。例如,可以定期举办学术沙龙、教学研讨会等活动,为教师提供交流思想、分享经验的平台;同时,鼓励教师参与学校管理和决策过程,增强教师的归属感和责任感。此外,学校还应关注教师的身心健康和个人发展需求,为教师提供必要的支持和帮助。

三、教育科研能力

(一)创造意识与理论思维的能力

1. 高职院校教师的创造意识及其重要性

创造意识是指教师在教育教学过程中,积极主动地寻求新方法、新途径,以解决实际问题、提高教学质量的一种思维方式。对于高职院校教师而言,创造意识不仅体现在教学方法和手段的创新上,更体现在对专业知识的深入理解和对新技术的敏锐洞察上。高职院校教师需要不断尝试新的教学方法和手段,以激发学生的学习兴趣和主动性。例如,通过项目式教学、案例教学等方式,让学生在实际操作中掌握知识和技能;通过信息技术手段,如多媒体教学、网络教学等,为学生提供更为丰富多样的学习资源。这些创新性的教学方法和手段,能够帮助学生更好地理解知识、提高技能,同时也能够培养学生的创新意识和实践能力。并且,高职院校教师需要密切关注行业动态和新技术发展,及时将最新的知识和技术引入课堂。这不仅要求教师具备扎实的专业知识基础,还要求教师具备敏锐的洞察力和快速的学习能力。只有这样,教师才能够为学生提供最前沿的知识和技能培训,培养出符合社会需求的高素质技术技能型人才。

2. 高职院校教师的理论思维能力及其重要性

理论思维能力是指教师运用科学理论和方法,对教育教学问题进行深入分析和研究的一种能力。对于高职院校教师而言,理论思维能力是提升教学质量、培养创新型人才的重要保障。高职院校教师在面对复杂多变的教育教学问题时,需要运用科学理论和方法进行深入分析和研究。这要求教师具备扎实的理论基础和较高的分析问题的能力。只有这样,教师才能够准确地把握问题的本质和关键,提出切实可行的解决方案。而且,高职院校教师的理论思维能力不仅体现在自身的教学科研上,还体现在对学生的培养上。教师需要通过课堂教学、实践指导等方式,培养学生的理论素养和创新能力。这要求教师在传授知识的同时,注重引导学生思考问题、发现问题、解决问题。只有这样,才能够培养出既具备扎实专业知识又具备较强创新能力的高素质人才。

(二)合作意识与协作研究的能力

现代教育科研的发展正日益呈现出一种重要的趋势,那就是优势互补与群体攻关的紧密结合。在这一趋势下,科研团队的组建不再是简单的人员组合,而是基于对知识、能力、专长等多方面因素的深入考虑与优化配置。群体中的每个成员都拥有独特的个人特质和研究风格,这些特质和风格在团队中相互碰撞、相互补充,形成了异质互补的优势,这些不同的思维方式和研究风格在团队中相互交融,使得团队能够更全面、更深入地开展科研工作。而且,这种团结协作的精神不仅能够增强团队的凝聚力和战斗力,还能够充分发挥科研的群体效应,提高科研工作的效率和质量。教育科研能力的内在因素如表 7-1 所示。

表 7-1 教育科研能力的内在因素

思想素养	基本能力	操作技能
科学的价值观、崇高的理想、责任感、事业心	阅读能力	确定论文题目
强烈的科研意识	写作能力	制订研究计划
积极的科研动机	检索文献资料能力	课题论证
理论研究的兴趣	交流能力	观察与访谈
实事求是的科学态度	外语能力	设计调查表
精诚团结的协作研究精神	计算机的应用能力	使用测验方法
坚强的意志		教育统计分析
勤奋(勤于思索、勤于动手)		撰写研究报告
		评价分析研究报告

第二节 高职教师教学情境创设能力的培养

一、教学情境创设能力的特点与基本要素

(一)教学情境创设能力的特点

1. 新颖性与空间性的交融

新颖性是指教学情境创设应具备独特的创意和新颖的元素,能够打破传

统的教学模式,给学生带来全新的学习体验。空间性则强调教学情境应具有一定的开放性和拓展性,能够为学生提供广阔的思维空间和探索空间。在教学情境创设中,新颖性和空间性是密不可分的。新颖性的实现需要借助空间性的支持,而空间性的拓展也需要新颖性的引领。例如,在物理教学中,教师可以通过创设一个独特的实验场景来激发学生的学习兴趣。这个实验场景可以是一个模拟的太空环境,学生在这个环境中可以亲身体验到失重的感觉,从而更直观地理解物理定律。这种新颖的教学情境不仅让学生感到新奇有趣,也为他们提供了广阔的探索空间,让他们在实践中深化对物理知识的理解。再如,在历史教学中,教师可以通过创设一个历史剧场的情境来帮助学生更好地理解历史事件。在这个剧场中,学生可以扮演不同的历史人物,亲身参与到历史进程中去。这种新颖的教学情境不仅让学生感到身临其境,也为他们提供了思考和探索的空间。他们可以从不同的角度去理解历史事件,从而形成更全面的历史观。

2. 实践性的贯穿始终

实践性是教学情境创设能力的又一个重要特点。它强调教学情境应与学生的实际生活紧密相连,能够让学生在实践中学习知识、提高技能。实践性不仅体现在教学情境的设计上,更体现在教学情境的实施过程中。在创设具有实践性的教学情境时,教师需要关注学生的实际需求和学习兴趣,将教学内容与学生的生活经验相结合。例如,在语文教学中,教师可以通过创设一个与现实生活紧密相连的写作情境来提高学生的写作能力。这个写作情境可以是一个社会热点问题的讨论会,学生需要在这个情境中发表自己的观点并撰写相关的文章。这种实践性的教学情境不仅能够帮助学生提高写作水平,也能够让他们更深入地了解社会、关注生活。教师需要引导学生积极参与到教学情境中去,让他们在实践中体验知识、发现问题、解决问题。例如,在数学教学中,教师可以通过创设一个数学建模的情境来帮助学生更好地掌握数学知识。在这个情境中,学生需要运用所学的数学知识解决实际问题。教师需要引导学生分析问题、建立模型、求解问题,并鼓励他们在实践中不断探索和创新。这种实践性的教学方式不仅能够帮助学生更好地掌握数学知识,也能够培养他们的创新能力和实践能力。

（二）创设教学情境的基本要素

1. 情境是符合学生已有学习环境和学生认知水平的必备要素

教学情境,作为知识与情感的交汇点,其设计必须紧密贴合学生的认知发展水平和已有的知识经验,这是确保教学有效性的关键。学生的原有经验是他们理解新知识、掌握新技能的出发点,也是他们情感投入和学习动力的源泉。教学情境的创设,不应该是对学生已有知识的简单重复,而应该是一种再创造的过程。在这个过程中,学生的原有经验被激活,与新知识相互作用,产生化学反应,从而生成新的理解、新的认识。这种再创造不仅是对知识的重新组合,更是对学生思维能力的提升和拓展。

为了使教学情境真正发挥作用,教师需要深入了解学生的前知识和前经验,找到他们的兴趣点和疑惑点,以此为基础构建情境。这样的情境既能引起学生的共鸣,又能激发他们的好奇心和探索欲。学生在这样的情境中学习,不仅能够更好地理解和掌握知识,还能够在实践中体验知识的应用,感受学习的乐趣。而每个学生都有自己独特的经验背景和学习方式,教师需要根据学生的不同特点设计不同的教学情境,以满足学生的个性化需求。

通过精心创设的教学情境,学生的原有经验得到了升华,新知识得到了内化,学生的认知结构得到了完善和发展。这种发展不仅是知识量的增加,更是认知能力的提升和思维方式的转变。这样的教学情境才是真正意义上的有效教学,它不仅能够帮助学生掌握知识,更能够引领学生走向更广阔的学习天地。因此,教学情境的创设必须以学生为中心,以学生的原有经验为基础,以学生的认知发展为目标。只有这样,教学情境才能真正发挥其应有的作用,为学生的全面发展提供有力的支持。在这个过程中,教师不仅是知识的传授者,更是学生认知发展的引导者和促进者。他们需要不断学习和探索,以更好地创设出符合学生需求的教学情境,为学生的成长和发展贡献自己的力量。

2. 情境具有调动学生积极学习和成长的情意因素,具有学生参与的角色要素

一个好的教学情境,必须蕴含着能够调动学生参加学习活动的积极学习和成长的情意因素。这些因素仿佛一股无形的力量,激励着学生去主动探索、去积极思考、去勇敢表达。它们让学习不再是枯燥无味的任务,而是充满乐趣和挑战的旅程。在这样的情境中,学生的每一个发现都会引发他们内心的喜悦和自豪,从而进一步激发他们的学习热情。教学情境的创设,还必须充分考虑到学生的参与性。这是新课程教学环境的基本要求,也是教学情境是否具有生命力的关键所在。一个好的教学情境,必须为学生提供参与的角色要素,让他们能够真正地融入学习活动中去。这样的情境,能够让学生感到自己不仅仅是学习的接受者,更是学习的参与者和创造者。他们在这个情境中,不再是被动的听众,而是主动的探索者和实践者。

当教学情境具备了学生参与的角色要素时,学生就能够较快地进入建构性学习活动。他们会在情境中发现问题、提出问题、解决问题,从而不断地建构自己的知识体系和能力结构。这样的学习过程,不仅能够提高学生的认知水平和思维能力,更能够培养他们的创新精神和实践能力。而这些能力,正是学生未来走向社会、走向生活所必需的。因此,一个好的教学情境,必须是一个能够调动学生积极参与、充满情意因素、具备学生参与角色要素的情境。这样的情境,才能够真正地促进学生的全面发展,为他们的未来奠定坚实的基础。作为教师,我们应该致力于创设这样的教学情境,为学生的学习和成长提供有力的支持。我们相信,在这样的情境中,每一个学生都能够找到自己的位置,发挥自己的潜能,实现自己的价值。同时,这样的情境也将为我们的教育事业注入新的活力和生机。

二、创设教学情境的类型

(一)真实型教学情境

现实客观存在的社会,如同一本厚重的教科书,无声地诉说着世间的百态和人生的真谛。对学生而言,这不仅仅是一个外部环境,更是他们知识建构过程中不可缺少的资源和运用知识时不可替代的学习情境。在这片广阔的天地里,学生感悟着社会的脉搏,观察着世界的变迁,体验着生活的甘苦。

为了让学生更加真切地接触社会的每一个角落,教学情境的设计应当尽可能地贴近生活实际。于是,形式多样的真实客观存在的教学情境应运而生。这些情境将学生带出了传统的教室,引领他们走进社区、工厂、田间、野外等真实的生活与场景中。在这里,知识不再是抽象的符号,而是与生活紧密相连的实用工具。学生在这些情境中学习知识,更在运用所学知识解决实际问题的过程中深化了对知识的理解。在这样的情境中,学生不再是知识的被动接受者,而是成为知识的主动探索者和实践者。他们身临其境地感受着每一个细节,品味着每一次成功的喜悦和受阻的焦虑。这种亲身的体验让学生更加深刻地认识到知识的力量,也让他们更加珍惜每一次学习的机会。而且,在解决实际问题的过程中,学生需要运用所学知识进行分析、判断、推理等一系列复杂的思维活动。这些活动不仅锻炼了学生的思维能力,更激发了他们的创造力和创新精神。学生在这样的情境中不断挑战自我,超越自我,最终实现了自我价值的提升。

(二)提供资源型教学情境

在现代教育理念中,教学的核心已逐渐转向学生主体性的发挥,旨在培养其自主学习、独立思考的能力。根据课程的教学目标,教师为学生精心提供丰富多样的学习资源,这些资源如同一座座知识宝库,等待着学生去发掘。学生在这个过程中,不再是被动的接受者,而是成为学习的主人,他们可以根据自己的兴趣、能力和需求,自由选择学习、探究的方式。

在这样的教学情境中,学生的主体作用得到了充分发挥。他们如同探险家一般,在知识的海洋中遨游,每一次探索都是一次新的学习体验。他们或许会遇到困难,或许会遭遇挫折,但正是这些挑战,激发了他们更强烈的求知欲,促使他们不断向前探索。而教师在这样的教学情境中,不再是传统意义上的知识传授者,而是转变为学生学习的引导者。他们如同指南针一般,在学生迷茫时给予方向,在学生困惑时给予解答,但更重要的是,他们鼓励学生去独立思考,去勇敢尝试,去大胆创新。这样的教学情境,我们称为"提供"。它提供的不仅仅是学习资源,更是一种学习的方式和态度。在这种情境中,学生在探索中学习求知,他们逐渐学会如何独立思考、如何独立解决问题。这种能力的培养,对学生未来的学习和生活都具有深远的影响。并且,他们可以根据自己的节奏和方式来学习,这种个性化的学习方式更有利于激发学生的学习兴趣和动力。而教师在其中的角色也变得更加灵活和多样,他们不仅是知识的传递者,更是学生思想的启发者和学习伙伴。

第三节　高职教师探究教学能力的培养

一、探究性学习的培养目标与意义

（一）探究性学习的培养目标

1. 获得亲身参与研究探索的体验

探究性学习，顾名思义，其核心在于"探究"二字。它不仅仅是传统意义上的学习方式，更是一种让学生主动参与、亲身体验的研究过程。在这个过程中，学生不再是知识的被动接受者，而是转变为知识的探索者和创造者。他们通过自己的努力和实践，去发现知识、理解知识、应用知识，从而获得一种全新的学习体验。这种体验是独特的，因为它要求学生亲身参与到研究探索的每一个环节。从确定研究主题，到收集相关资料，再到进行实验或调查，最后到分析数据、得出结论，每一个环节都离不开学生的积极参与。在这个过程中，学生不仅能够学到书本上的知识，更能够学到书本上学不到的东西，比如如何与他人合作、如何解决问题、如何面对挑战等。获得亲身参与研究探索的体验，对于学生来说意义重大。它不仅能够激发学生的学习兴趣和动力，更能够培养学生的自主学习能力和创新精神。学生通过亲身体验，能够更加深刻地理解知识的本质和价值，从而更加珍惜学习的机会和成果。

2. 培养发现问题和解决问题的能力

在传统的学习方式中，学生往往是被动地接受知识，很少有机会去主动发现问题。而在探究性学习中，学生被鼓励去主动寻找问题、发现问题，并尝试去解决问题。发现问题是一个需要敏锐观察力和深刻思考力的过程。学生需要学会从日常生活中、从书本中、从实践中去发现问题的存在。他们需要对这些问题进行分析、归类、整理，从而确定研究的主题和方向。在这个过程中，学生的观察力和思考力得到了有效的锻炼和提升。而解决问题则是一个需要综合运用各种知识和能力的过程。学生需要学会如何收集资料、如何设计实验、如何调查访问、如何分析数据等一系列解决问题的方法和技巧。他们需要在实践中不断尝试、不断修正、不断完善，最终找到解决问题的最佳方案。在这个过程中，学生的知识运用能力、实践操作能力、创新思维能力都得到了极大的提升。

3. 培养科学态度和科学道德

在探究性学习中,学生被要求以科学的态度去对待每一个问题,以科学的方法去解决每一个问题。他们需要学会客观、公正、实事求是地看待问题,需要学会批判性思维、创新性思维等科学的思维方式。科学道德的培养也是探究性学习的重要目标之一。在科学研究中,道德是一个不可忽视的重要因素。学生需要学会尊重他人的研究成果、尊重事实、尊重真理,需要学会承担科研责任、遵守科研规范、恪守科研诚信。这些科学道德的培养,不仅有助于提高学生的科研素质,更有助于培养学生的社会责任感和公民意识。培养科学态度和科学道德,对于学生来说具有深远的意义。它不仅能够帮助学生更好地理解和掌握科学知识,更能够帮助学生树立正确的世界观、人生观和价值观。因为科学态度和科学道德不仅是一个人进行科学研究的必备素质,更是一个人走向社会、走向未来所必需的重要品质。

(二)探究性教学的意义

探究性教学,从本质上看,是一种模拟科学研究的教学活动。它不仅仅是一种教学方法,更是一种教学理念,强调学生在探究过程中的主体地位和教师作为引导者的作用。这种教学模式包含两个紧密相连的方面,构建了一个以"学"为中心的探究学习环境,并为学生提供了必要的帮助和指导。在这个以"学"为中心的探究学习环境中,学生被置身于一个充满未知和挑战的世界中。这个世界里,有丰富的材料、各种教学仪器和设备,它们并不是简单地堆砌在一起,而是围绕某个知识主题精心安排的。这些材料看似杂乱无章,实则是教师巧妙设计的结果,旨在激发学生的探究欲望,让他们在这个环境中能够真正独立地进行探究。这种环境的设计,不是为了直接引导学生找到问题的答案,而是为了让他们在探究的过程中,通过自己的努力和思考,逐渐发现问题的本质和解决方案。

探究性教学并不意味着完全放手让学生自行其是。相反,它强调教师在探究过程中的指导和帮助作用。这种指导和帮助,并不是传统意义上的直接传授知识和答案,而是通过提供有一定内在结构的教学材料,揭示各个现象间的联系,引导学生在探究过程中不断发现问题、解决问题。同时,教师还要在关键时刻给予学生必要的指导,帮助他们克服探究过程中的困难和障碍,确保他们能够沿着正确的方向前进。本质特征在于它不把构成教学目标的有关概念和认识直接告诉学生,而是创造一种智力和社会交往环境,让学生通过自己的探究和发现,逐步掌握这些概念和认识。这种教学模式的基本原则是,让学生亲自制订获取知识的计划,使学习内容之间具有更强的内在联系,更容易理解。并且,教学任务的设计要有利于激发学生的内在动力,使他们在探究过程中自然获得认知策略的发展。

二、探究性学习特点与教师探究性教学能力的影响因素

(一)探究性学习的特点

1. 开放性

探究性学习在教学目标上展现出其开放性与多元性,它不仅仅局限于知识的传授,更是对学生全方位能力的培养和塑造。它着重于提升学生的综合能力,包括发现问题的能力、策划和执行计划的能力,以及解决实际问题的能力。学生在面对问题时,不再是被动接受答案,而是主动去寻找、分析并解决问题,这种转变极大地提高了他们的独立思考和应对挑战的能力。而且,它鼓励学生以主动、认真、坚持不懈的态度去探究未知,这种态度不仅有助于他们在学术上的成功,更是他们未来生活和工作中不可或缺的品质。在探究的过程中,学生被鼓励去质疑、去挑战、去创新,这种环境极大地激发了他们的创造力和想象力,为未来的发展和创新打下了坚实的基础。通过探究性学习,学生可以获得关于社会、自然、生活等各个领域的综合知识。这种知识不是孤立的、片面的,而是相互联系、相互贯通的,它有助于学生形成一个完整、全面的知识体系。

这些目标并不是孤立的,而是相互联系、相互促进的,它们共同构成了一个完整的教育目标体系。同时,这些目标也是灵活的、开放的,可以根据不同的地域、文化和学生的个体差异进行调整和优化。学生所面对的问题往往是综合性的、跨学科的,这要求他们不仅要掌握某一学科的知识,还要具备跨学科的综合能力。因此,探究性学习在内容上不应该设限,而是应该鼓励学生去探索他们感兴趣、有能力探究的任何领域。

2. 自主性

探究性学习所追求的能力,如独立思考、批判性分析,以及从复杂现象中

抽丝剥茧找出问题本质的能力,都不是凭空产生的。它们需要学生在一次次的实践中摸索、试错、反思,然后逐渐形成。这种能力的获得,就像磨砺一把剑,只有不断地在石头上敲打、磨砺,才能使其锋利无比。同样,没有学生的主动参与和亲身体验,这些能力也只能是空中楼阁。而那种主动积极、科学严密、不折不挠的态度,更是需要在实践中不断锤炼和强化的。面对困难不退缩,遇到问题不放过,这是科学探究的基本素养,也是人生道路上宝贵的财富。这种态度的培养,不是一蹴而就的,需要学生在探究的过程中,不断地面对挑战、克服困难,从而逐渐内化为自己的一种本能反应。

在传统的教学模式下,学生往往习惯于被动接受知识,很少有机会去主动发现问题、提出问题。而在探究性学习中,学生被鼓励去质疑、去挑战、去创新。他们不再满足于现成的答案,而是努力去寻找问题背后的原因、去探索未知的领域。这种转变,不仅能够激发学生的创造力和想象力,更能够培养他们的问题意识和创新精神。而且,在探究性学习中,知识不再是教师单向传授的结果,而是学生在探究过程中主动建构的产物。他们通过收集资料、分析数据、提出假设、验证结论等一系列活动,逐步构建起自己的知识体系。这种知识体系不再是孤立的、片面的,而是与他们的生活经验、认知结构紧密相连的,因此也更加深刻、更加牢固。由此可见,自主性是实现探究性学习目标所必需的关键因素。没有学生的自主参与和主动建构,探究性学习的目的就难以真正实现。因此,在教学过程中,教师应该充分尊重学生的主体地位,激发他们的学习兴趣和动力,引导他们主动参与探究过程,从而真正实现探究性学习的目标。

(二)影响教师探究性教学能力的因素

1. 教师探究教学的内驱力

探究性教学是一种深层次、全方位的教学理念和方法,它不仅关注学生的知识和技能获取,更重视学生在科学探究过程中的体验、科学方法的学习以及情感、态度和价值观的培育。这种教学模式对教师提出了更高的要求,需要教师在教学理念、备课、教学实施和评价等方面进行全面转变和提升。在探究性教学的视野下,教师不再是单纯的知识传授者,而是学生探究活动的组织者、参与者和指导者。这就要求教师在备课时不仅要准备知识内容,还要设计探究活动、准备探究材料、预设学生可能遇到的问题和困难等。同时,教师还要深入了解学生的前知识、兴趣点和认知特点,以便更好地引导他们进行探究。

在教学实施过程中,教师要放下权威的身份,以学生为中心,组织和引导学生进行探究活动。这需要教师具备较高的教学智慧和应变能力,因为探究活动往往充满了不确定性和生成性。教师既要在关键时刻给予学生必要的指导和支持,帮助他们克服探究过程中的困难和障碍,又要避免过度干预,保持学生的探究自主性。对于已经习惯了传统教学方式的教师而言,探究性教学无疑是一种巨大的挑战。它不仅需要教师转变教学理念、更新教学方法,还需要教师具备较高的专业素养和探究能力。因此,教师是否从内心接受探究性教学方式、是否主动积极地接受相关能力的培养与训练、是否心甘情愿地投入探究性教学的实践中去,将成为影响教师探究性教学能力的关键因素。这就要求教师不断学习和提升自己的专业素养和探究能力。他们可以通过参加培训、阅读相关文献、观摩优秀教师的课堂教学等方式,不断更新自己的教学理念和方法。

2. 教师已有的知识结构

学科知识是教师教学的基础,这不仅包括学科教材内容的具体知识点,还涉及学科内容的概念、规律和原理及其相互关系。教师需要深入理解这些知识,才能引导学生进行深入的探究。例如,在科学领域,教师需要掌握科学概念的形成过程、科学原理的应用范围以及科学规律的发展历史,以便能够在课堂上引导学生通过观察、实验和推理来发现和理解这些知识。而科学知识并非固定不变的真理,而是以观察和实验为基础的、不断发展和修正的体系。实验数据的收集和解释都依赖于当时的科学观点和技术水平,这使得科学知识具有时代性和相对性。此外,科学知识也是人类想象和创造的结晶,它反映了人类对自然界的探索和理解。教师需要认识到科学知识的这些特点,以便培养学生的科学探究能力和创新精神。

除了学科知识,教师还需要具备丰富的教育文化背景知识。这包括对学生特点、个体发展与差异的了解,以及对教学情境的熟悉。教师需要关注学生的学习需求、兴趣爱好和发展阶段,以便为他们提供个性化的教学支持。同时,教师还需要了解教学环境中的各种因素,如小组或班级活动的状况、学区管理与资助政策、社区与地域文化的特点等,以便为学生创造一个良好的学习氛围。

在探究性教学中,教育策略性知识也至关重要。教师需要掌握有效的教学策略和方法,以实施计划教学、进行课堂教学和评估教学效果。这些策略和方法应该是灵活多变、适应性强的,以便应对不同的教学需求和学生特点。例如,教师可以采用小组合作、案例分析、角色扮演等多种教学方法来激发学生的学习兴趣和积极性,提高他们的学习效果。并且,教师需要了解科学发展的历史脉络和重大事件,以便更好地理解科学知识的产生和发展过程。同时,教师还需要深入理解科学的本质和方法论基础,以便更好地引导学生进行科学探究和创新实践。

第四节　高职教师合作学习能力的培养

一、合作学习的要素与理论根据

(一)合作学习的三个要素

1. 个人责任

在合作学习中,个人责任是指每个小组成员都必须承担一定的学习任务,并掌握所分配的任务。这一要素确保了每个学生都能积极参与到学习过程中,避免了某些学生"搭便车"的现象。为了实现个人责任,教师通常会明确每个学生的角色和任务,确保每个人都能为小组的成功做出贡献。个人责任的强调,不仅提高了学生的学习动力,还培养了他们的责任感和自主性。当学生意识到自己的表现直接影响小组的成绩时,他们会更加努力地完成自己的任务,也会更加关注小组的整体表现。这种责任感的培养,对学生的未来发展具有重要意义。为了强化个人责任,教师可以采取多种策略。例如,可以定期进行小组内的自我评价和同伴评价,让学生了解自己在小组中的表现和不足;还可以设置小组目标和个人目标,鼓励学生为实现这些目标而努力。此外,教师还可以通过提供及时反馈和个性化指导,帮助学生更好地掌握所学知识和技能。

2. 相互依赖

相互依赖是合作学习中的另一个重要因素,它要求学生不仅为自己的学习负责,还要为小组中其他同伴的学习负责。这种积极的相互支持和配合,有助于营造一个良好的学习氛围,促进学生的共同进步。在相互依赖的环境中,学生会意识到自己的成功与小组的成功密不可分。因此,他们会更加愿意分享自己的知识和经验,帮助其他同伴解决问题。这种互助合作的精神,不仅提高了学生的学习效率,还培养了他们的团队意识和协作能力。为了实现正相互依赖,教师可以设计一些需要小组共同完成的任务和活动。例如,可以组织小组讨论、角色扮演、项目研究等多样化的合作学习活动,让学生在互动中学会合作与分享。同时,教师还可以通过评价体系的调整,鼓励小组内的互助与合作。例如,可以将小组的整体表现作为评价的一部分,让学生意识到只有共同努力才能取得好成绩。

3. 社交能力

在合作学习的过程中,学生需要与他人进行频繁的交流和互动。如果缺乏必要的社交技能,即使被放在一起强迫合作,效果也会大打折扣。为了协调各种努力并达到共同的目标,学生必须具备一定的社交能力。这包括彼此认可的信任、准确的交流、相互接纳和支持以及建设性地解决问题等方面。只有当小组成员间能够建立并维护彼此的相互信任时,他们才能有效地解决组内的冲突并进行有效的沟通。为了培养学生的社交能力,教师可以在合作学习中穿插一些专门的社交技能训练。例如,可以教授学生如何进行有效的倾听和表达、如何给予和接受反馈、如何解决冲突等社交技巧。同时,教师还可以通过角色扮演、模拟情境等方式,让学生在实践中学习和运用这些技巧。

(二)合作学习的理论依据

1. 社会依赖理论

从社会互相依赖理论的角度深入剖析,合作学习理论的核心显得尤为直观且深邃。它揭示了一个简单而又深远的道理,当人们因为共同的目标而集结、共同努力时,他们所依靠的,正是那份相互间的团结与依赖。这种依赖并不是软弱的体现,反而是一种强大的动力源泉,它激励着每一个成员去付出、去奉献,为了那个共同的目标不懈奋斗。在合作学习的环境中,互勉成为一种自然而然的行为准则。每个人都明白,自己的成功与小组的成功是息息相关的,没有人愿意成为拖后腿的那一个。因此,大家都愿意去做那些能够促使小组走向成功的事情,无论这些事情是多么艰难或是多么琐碎。这种互勉的精神,就像一种无形的纽带,将小组成员紧紧地捆绑在一起,共同面对挑战,共同迎接胜利。

互助则是合作学习中不可或缺的一部分。在追求小组成功的过程中,每个人都会遇到困难和挫折。这时,互助就显得尤为重要。小组成员之间会相互扶持、相互帮助,共同克服前进道路上的种种障碍。这种互助不仅仅体现在学习上的帮助,更体现在情感上的支持。每个人都知道,他们不是孤军奋战,他们的背后有一个强大的团队在支持着他们。而人都是有情感的动物,都渴望得到他人的关爱和认可。在合作学习的过程中,每个人都在为了共同的目标而努力付出,这种付出是能够被其他成员看在眼里的。因此,每个人都会得到其他成员的尊重和喜爱。而当一个人遇到困难时,其他成员都会伸出援手,帮助他渡过难关。这种互爱的精神,让每个人都感受到了团队的温暖和力量。合作学习之所以如此有效,正是因为它充分利用了社会互相依赖理论的核心思想。通过将人们聚集在一起,为了一个共同的目标而努力奋斗,合作学习创造了一个充满互勉、互助和互爱的学习环境。在这个环境中,每个人都能够找到自己的价值和位置,都能够为实现共同的目标而贡献自己的力量。

2. 选择理论

选择理论为我们揭示了学生在成长过程中四种至关重要的需要:归属、影响人的力量、自由和娱乐。这些需要并非简单的欲望或奢求,而是学生心理发展、情感满足和社会适应的基石。学校,作为学生学习和成长的主要场所,其责任不仅在于传授知识,更在于满足这些深层次的心理需求,从而培养出健康、自信、有责任感的社会成员。

在学校环境中,学生希望找到属于自己的位置,被同伴接纳和认可。这种归属感是学生形成自我认同和社会认同的基础。为了满足这一需求,学校应积极营造和谐、包容的校园氛围,鼓励学生之间的合作与交流,让每个学生都能感受到自己是学校大家庭中不可或缺的一员。而每个学生都希望在学习、生活中发挥自己的影响力,得到他人的尊重和肯定。学校应通过多样化的教育方式和评价体系,激发学生的潜能和创造力,让他们在不断挑战自我、实现自我价值的过程中,感受到自尊和自信的力量。并且,学校应在保障教育秩序和安全的前提下,给予学生更多的自主权和选择权,让他们在参与学校生活的过程中学会独立思考、自主决策和承担责任。

学校教育的真正价值不仅在于提高学生的学业成绩,更在于培育温暖、建设性的师生关系和同伴关系。这些关系对于学生的心理健康、情感满足和社会适应具有至关重要的影响。一个充满关爱、尊重和理解的学习环境能够激发学生的学习热情和创新精神,有助于他们形成健全的人格和良好的社会适应能力。

二、合作学习的意义和价值

(一)合作学习的意义

合作学习,作为一种教育理念与教学模式,其价值和意义深远而多元。它强调在学习过程中,个体并非孤立地吸收知识,而是通过团队协作、互动交流以及共同解决问题等方式,实现对知识的深度理解和有效应用。合作学习的本质在于挖掘并利用集体智慧的力量,倡导一种互帮互助、共享共赢的学习氛围。它有助于提升学生的社交能力与团队协作技巧,在小组讨论、项目实践等合作学习情境中,每个成员都需要学会表达自己的观点,倾听他人的意见,尊重不同的见解,寻求共识,以达到团队目标。这一过程无疑锻炼了学生的沟通交流能力,培养了他们的团队精神和领导力,使其在未来的学习、工作乃至生活中都能更好地适应群体环境,发挥自身优势。

在合作探讨问题时,学生们需要将所学知识进行实际运用,从而激发更深层次的理解与思考。当面临复杂问题时,不同思维角度的碰撞与交融往往能够催生新的解决方案,这不仅有利于深化对知识点的认识,也有助于培养学生的批判性思维和创新能力。而且,在合作学习环境中,每个成员都有机会展现自我,体验成功,并从同伴的成功中获得激励。同时,教师的角色转变为引导者和支持者,关注每个学生在团队中的进步与发展,使他们在互帮互助的过程中发现自身的价值,增强自信心和自主学习的积极性。并且,每个学生不论背景、性别、个性或学业水平如何,都在合作学习中找到属于自己的位置,承担相应的责任,贡献独特的智慧。这种平等参与的过程,使得每一个学生都能够在尊重他人差异的同时,认识到每个人的独特价值,从而培养出良好的公民素养和社会责任感。

(二)合作学习的价值

1. 有利于促进学生的社会适应性

合作学习,作为一种独特的教育方式,为学生们提供了一个互相认识、交流、了解的平台。在这种学习模式下,学生们不再是孤立的个体,而是融入一个小组或团队中,与同伴们共同学习、共同成长。这种合作的学习方式,不仅丰富了学生的学习体验,更在潜移默化中培养了他们的合群性和合作能力。在合作学习的环境中,学生们学会了如何将自我融入群体中。他们不再是单打独斗的学习者,而是成为小组中不可或缺的一员。每个人都在为小组的成功贡献着自己的力量,同时也在从小组中汲取着知识和经验。这种互相依存、共同进步的学习方式,让学生们逐渐意识到自己的重要性,也让他们更加珍惜与小组成员之间的合作关系。

随着时间的推移,学生们会发现自己已经深深地融入了这个小组中,难以割舍。他们开始关心小组的每一个成员,关注小组的每一次进步和挫折。这种情感的投入和归属感,不仅增强了学生们的合群性,更让他们学会了如何在群体中发挥自己的作用,如何与他人协作实现共同的目标。除了培养合群性和合作能力外,合作学习还注重培养学生善于听取他人意见的品质。在合作学习的过程中,学生们需要不断地与他人交流和讨论,这就需要他们学会倾听他人的意见和建议。通过这种学习方式,学生们逐渐明白,要想使自己的学习有所收获,就必须做到小组之间的每一个成员相互帮助、取长补短。

2.有利于培养学生的自主性和独立性

合作学习被视为一种强有力的教育方法,其目的在于培育具备高度自觉能动性、自主性以及独立性的个体。这样的教育模式,致力于塑造那些对事物拥有独到见解、勇于公开发表自己观点、并擅长社会交往的开放型人才。在合作学习的框架下,小组内的每位成员都有机会进行充分的语言表达、思维锻炼以及胆量的培养。小组内的成员们不再只是听众,而是积极的参与者。他们被鼓励在小组内分享自己的想法,这种分享不仅限于学习上的见解,还包括日常生活中的感受和思考。通过这种不断的交流,学生们的语言表达能力得到了极大的提升,他们学会了如何用准确、生动的语言来传达自己的思想。

在小组内,每个成员都需要对讨论的问题进行深入的思考,以便能够提出有建设性的观点。这种思考过程不仅锻炼了他们的思维能力,还激发了他们的创造力和批判性思维。通过不断的思考和交流,学生们逐渐形成了自己的独立见解,他们不再人云亦云,而是能够用批判的眼光看待问题,提出自己独特的解决方案。通过合作学习,他们逐渐克服了这种恐惧,变得更加自信和大胆。他们学会了如何在公众场合表达自己的观点,如何面对他人的质疑和批评,这种胆量的培养对他们未来的社会交往和职业发展都有着深远的影响。

3. 有利于满足学生的需求,促进学生的全面发展

在合作学习的环境中,每个学生都被赋予了更多的机会和平台。这些机会不仅仅局限于学术知识的学习,更包括社交技能、团队协作能力、领导才能等多方面的锻炼。在这样的氛围中,学生不再是孤立的学习者,而是成了学习共同体中不可或缺的一部分。他们有机会发表自己的观点,倾听他人的想法,通过思想的碰撞和交融,不断拓展自己的视野和认知边界。合作学习强调学生之间的相互交流和尊重。在这样的学习环境中,每个学生都能够感受到来自同伴的支持和鼓励,这对于培养他们的自信心和自尊心至关重要。同时,通过与他人合作解决问题,学生还能够学会如何妥善处理人际关系,提升自己的社会适应能力。

更为重要的是,合作学习为学生提供了一个共同成长的平台。在这里,成功不再是个人奋斗的孤立事件,而是团队协作的必然结果。当学生们共同为一个目标努力时,他们不仅能够分享到成功的喜悦,更能够在共同奋斗的过程中深化彼此之间的友谊和信任。

此外,合作学习还能够帮助学生更好地发现自我、认识自我。在团队合作中,每个学生都需要发挥自己的特长和优势,为团队的共同目标贡献自己的力量。这个过程不仅是对学生个人能力的一次检验,更是对他们自我认知的一次深化。通过这样的经历,学生能够更加清晰地认识到自己的兴趣所在、潜力所在,从而为未来的发展奠定坚实的基础。

第五节　高职教师教学评价能力的培养

一、教师教学评价能力概述

(一)教学评价的特征

1. 人本性和发展性

教学评价作为教育过程中的重要环节,不仅关乎学生的学习成果,更与教师的专业发展息息相关。而在现代教育的理念下,教学评价所强调的人本性和发展性特征,正逐渐成为引领教育评价改革的核心方向。在传统的教学评价中,往往过于强调标准化的测试和成绩评定,忽略了学生的个体差异和多元发展。而人本性的教学评价则强调评价过程的个性化和人性化,关注学生的学习兴趣、动机、情感和价值观等方面的发展。这种评价方式不仅有助于激发学生的学习兴趣和积极性,更能够促进学生的全面发展和个性成长。而且,在传统的教学评价中,往往过于注重学生的短期表现,忽略了学生未来的潜力和发展空间。而发展性的教学评价则强调评价过程的动态性和发展性,关注学生的进步过程和未来发展趋势。这种评价方式不仅有助于教师了解学生的学习状况和需求,更能够为学生的未来发展提供有针对性的指导和支持。

在教学评价中融入人本性和发展性特征,需要教师转变传统的评价观念,关注学生的全面发展和个性差异。例如,在评价内容上,教师可以设计多元化的评价任务,允许学生根据自己的兴趣和特长进行选择和表现;在评价方式上,教师可以采用表现性评价、过程性评价等多元化的评价方式,关注学生的学习过程和进步情况;在评价结果上,教师可以提供有针对性的反馈和建议,帮助学生认识自己的优势和不足,并制订相应的学习计划。并且,教学评价的人本性和发展性特征也要求学校、教育部门提供相应的支持。例如,在评价标准上,应建立多元化的评价体系,尊重学生的多元智能和个性发展;在评价环境上,应营造积极、和谐的评价氛围,鼓励学生积极参与评价过程;在评价资源上,应提供充足的评价工具和资源,支持教师进行科学、有效的评价。

教学评价不仅是评估学生学习效果的手段,更是推动教师专业发展的重要途径。一个科学、合理的教学评价体系应该能够激发教师的教学热情,提升教师的教学能力,促进教师的专业成长。在这个过程中,人本性和发展性的特征同样重要。教学评价应该尊重教师的个体差异和教学风格,提供个性化的反馈和指导,帮助教师发现自己的优点和不足,制订符合自身特点的专业发展计划。同时,教学评价也应该关注教师的发展过程,而不是仅仅关注评价结果。通过动态、持续的评价过程,教师可以及时了解自己的教学状况,调整教学策略,实现自我提升。这样的人本性和发展性教学评价不仅有助于提升教师的教学水平,更能够营造积极向上的教育氛围,推动整个教育系统的持续改进和发展。

2. 过程性与综合性

在现代教育理念中,教学评价已经逐渐从单一的成绩评定转变为对学生全面发展态势的多元评价。其中,过程性和综合性评价显得尤为重要,它们共同构成了促进学生全面发展的关键要素。在传统的教学评价中,结果往往被视为唯一的评价标准,学生的学习过程和付出常常被忽视。然而,现代教育心理学研究表明,学生的学习过程对其发展具有至关重要的影响。过程性评价能够深入到学生的成长历程中去,及时了解学生在发展中遇到的问题、所做出的努力以及取得的进步。这种评价方式不仅有助于形成积极的学习态度和严谨的探究精神,还有利于学生在学习过程中的情感体验和价值观的形成。

在实施过程性评价时,教师需要运用多种评价工具和方法,如观察、记录、反馈等,以全面了解学生的学习情况。通过观察学生在课堂上的表现、记录他们的学习轨迹和进步情况,教师可以更加准确地评估学生的学习状况,并提供有针对性的指导。同时,过程性评价还强调及时反馈,让学生能够及时了解自己的学习成果和不足,从而调整学习策略,增强学习效果。与过程性评价紧密相连的是综合性评价,它关注对学生、教师、课程和教学活动的综合发展态势的考查。综合性评价不仅关注学生的知识掌握情况,还关注他们的能力发展、情感态度和价值观形成等多个方面。这种评价方式要求质与量、结果与原因、智能与非智力因素等各项因素的总体性评价,以全面反映学生的发展状况。

在综合性评价中,教师需要运用多元化的评价手段,包括标准化测试、表现性评价、档案袋评价等,以获取更全面、准确的学生发展信息。而且,综合性评价还强调评价主体的多元化,鼓励学生、家长、社区等多元主体参与到评价过程中来,共同促进学生的发展。而过程性和综合性评价的实施需要教师具备专业的评价素养和技能。教师需要不断学习现代教育评价理念和方法,提高自己的评价能力。对此,学校和教育部门也需要为教师提供相关的培训和支持,帮助他们更好地实施过程性和综合性评价。

(二)对教学评价能力的理解

1. 教学评价是根据新时期的教育目标的要求来确定的

随着社会的不断发展和教育理念的持续深化,教学评价不再局限于对学生的学业成绩进行单一、静态的衡量,而是以培养全面发展的人才为核心导向,关注学生知识技能习得的同时,更加重视创新思维能力、批判性思考能力、合作交流能力、情感态度价值观以及社会责任感等多元素质的综合发展。新时期教育目标强调教育公平、素质教育及终身学习,这就要求教学评价必须具有包容性、全面性和发展性。在设计和实施教学评价时,应充分考虑不同学生的学习特点和发展需求,注重过程评价与结果评价相结合,确保每一个学生都能在评价过程中得到公正、科学且有益于自身成长的反馈。通过形成性评价，教师可以及时了解并指导学生的学习进程，鼓励他们自我调整、自我完善；通过终结性评价，系统总结学生的学习成果，进一步明确改进方向。而且，教学评价还应紧密围绕国家教育方针和社会经济发展需求，助力构建德智体美劳全面培养的教育体系。在评价内容上，既要涵盖基础学科知识和关键能力，又要拓展到跨学科技能、实践操作能力和创新能力等方面；在评价方法上，提倡多元化评价方式，如课堂观察、项目展示、同伴互评、自我反思等，力求真实、准确地反映学生的实际水平和发展潜力。

2. 教学评价是按照一定的规则（价值标准）对教学效果进行评定的

教学评价是教育实践中的一个重要环节，它是一种按照明确的价值标准与规则体系，对教学过程及其产生的效果进行系统、科学和客观的衡量、分析与判断的过程。这一过程中，评价者遵循既定的教育理念与目标，通过严谨的设计和实施，以期全面、准确地反映教学活动在知识传授、能力培养、情感态度塑造等多维度上的实际效能。

在价值标准层面，教学评价建立在课程标准和学生成长需求的基础之上，确保评价内容的权威性与针对性。评价体系应涵盖学科核心素养、关键能力以及德育美育等多个方面，旨在引导教师关注学生的全面发展，而非仅仅聚焦于学业成绩。评价标准需具体、明确且可操作，以便教师能够清晰了解并有效执行。而在规则体系构建上，教学评价强调公正公平、科学合理的原则，采用多元化的评价方法和技术手段，如形成性评价与终结性评价相结合、定量评价与定性评价相融合、自评与他评相辅相成等，确保评价结果真实、可靠、全面。同时，注重对学生个体差异的尊重，允许并鼓励个性化发展，避免"一刀切"的评价方式，切实做到因材施教。并且，教学评价作为教育质量监控的重要工具，其目的是改进教学、促进学习。通过对教学过程及效果的持续监测与反馈，帮助教师及时调整教学策略，优化教学设计，从而提高教学质量；同时促使学生明晰自身学习状况，激发学习内驱力，进而提升学生的自主学习能力和终身学习意识。

二、高职院校教学评价指标体系的构建

(一)高职院校教师教学情况影响因素分析

1.教学资源的配置与利用

硬件设施如教室、实验室、实训基地等的建设和配备,对于教师的教学有着重要的影响。例如,现代化的教室配备了多媒体设备和网络接口,为教师提供了更加多元化的教学手段;而设施齐全的实验室和实训基地,则能够满足实践教学的需求,帮助学生更好地掌握专业技能。其中,软件资源也很关键与重要,软件资源包括教材、课件、教学视频等教学资料,以及教学管理系统、在线教学平台等教学辅助工具。这些资源的丰富程度和利用效率,直接影响着教师的教学质量和学生的学习体验。例如,优质的教材和课件能够帮助教师更好地组织教学内容,提高学生的学习兴趣和效果;而高效的教学管理系统和在线教学平台则能够简化教学流程,提高教学效率。并且,教学环境对于高职院校教师教学情况有着重要影响,教学环境包括校园文化、班级氛围以及师生关系等方面。一个积极向上、和谐友爱的教学环境能够激发教师的教学热情,提高学生的学习积极性;而一个冷漠、疏离的教学环境则可能使教师产生职业倦怠,影响学生的学习效果。

2.教师自身的专业素养与教学能力

教师作为教学活动的主体之一,其自身的专业素养和教学能力是影响教学情况的关键因素。专业素养是指教师在所教专业领域内的知识储备和技能水平,它决定了教师能否胜任所教课程的教学任务。例如,在高职院校中,专业教师需要具备扎实的理论基础和丰富的实践经验,才能够将专业知识有效地传授给学生。而教学能力则是指教师在组织、实施和评价教学过程中所表现出来的能力。这包括教学设计能力、教学实施能力和教学评价能力等。教学设计能力是指教师根据教学目标和学生需求,合理设计教学内容和教学方法的能力;教学实施能力是指教师有效地组织和管理教学过程,引导学生积极参与学习的能力;教学评价能力则是指教师科学地评价学生的学习成果,及时调整教学策略的能力。

3.学生的学习状态与需求

学生是教学活动的另一个主体,他们的学习状态和需求也是影响教师教

学情况的重要因素。学生的学习状态包括学习态度、学习动机以及学习习惯等方面。学习态度积极、学习动机明确的学生往往能够更加主动地参与学习过程，与教师形成良好的互动；而学习态度消极、学习动机不明确的学生则可能对学习产生抵触情绪，影响教师的教学效果。在这过程中，学生的学习需求则是指学生在学习过程中对于知识、技能以及情感等方面的需求。了解并满足学生的学习需求，是教师增强教学效果的重要途径。例如，在高职院校中，学生对于实践操作技能的需求较为强烈，因此教师需要注重实践教学环节的设计和组织，以满足学生的学习需求。

(二)高职教师教学评价指标体系的结构

1. 教学设计与准备

教学设计与准备是评价教师教学工作的起点，也是整个教学过程的基石。在这一环节中，教师应根据学生的实际情况、课程目标和教学内容，制订合理的教学计划，选择合适的教学方法和手段，并做好充分的教学准备。具体来说，教学设计与准备的评价指标应具备教学目标的明确性，即教师是否能够清晰地阐述本节课的教学目标，并确保这些目标与课程整体目标相一致，还有就是教学内容的选择与安排，即教师是否能够根据教学目标和学生的实际情况，选择恰当的教学内容，并合理安排教学顺序和时间分配，并且包括教学方法与手段的运用，即教师是否能够根据教学内容和学生的特点，选择有效的教学方法和手段，如案例分析、小组讨论、实践操作等，以激发学生的学习兴趣和积极性，再者就是教学资源的准备，即教师是否能够提前准备好所需的教学资源，如课件、教材、实验器材等，以确保教学过程的顺利进行。

2. 教学实施与过程

教学实施与过程是评价教师教学工作的核心环节，也是体现教师教学能力和水平的关键所在。在这一环节中，教师应根据学生的反应和实际情况，灵活调整教学策略和方法，引导学生积极参与学习过程，实现教学目标。这包括教学过程的组织与管理，即教师是否能够有效地组织和管理教学过程，确保教学秩序井然、学生参与度，还包括教学方法与手段的运用效果，即教师所选用的教学方法和手段是否能够有效地促进学生的学习和理解，增强教学效果，并包括师生互动与交流，即教师是否能够与学生建立良好的互动关系，鼓励学生提问、发表意见，并及时给予反馈和指导，最重要的是教学氛围的营造，即教师是否能够营造一个积极向上、和谐友爱的教学氛围,激发学生的学习热情和创造力。

3. 教学效果与反馈

教学效果与反馈是评价教师教学工作的最终环节,也是衡量教师教学成功与否的重要标志。在这一环节中,教师应通过作业、测试、学生评价等多种方式,了解学生的学习情况和反馈意见,以便及时调整教学策略和方法,提高教学效果。这涵盖学生的学习成果,即学生通过本课程的学习是否能够达到预期的学习目标,掌握相关的知识和技能,还涵盖学生的满意度评价,即学生对教师的教学态度、教学方法、教学效果等方面的满意度评价,并包括教师的自我反思与改进,即教师是否能够根据学生的学习情况和反馈意见,及时进行自我反思和改进,以提高自己的教学水平和质量。

三、教师教学评价能力的培养途径

(一)在教育专业课程中融入教学评价内容

1. 构建以教学评价为核心的课程体系

要培养教师的教学评价能力,离不开一套以教学评价为核心的课程体系,这套课程体系应该包括教学评价的理论知识、实践技能以及案例分析等多个方面,确保教师能够全面、深入地了解教学评价的本质和实践方法。在理论知识方面,课程应该涵盖教学评价的基本概念、原则、方法和流程等内容,帮助教师建立起对教学评价的系统认知。同时,还需要引入最新的教学评价理念和研究成果,使教师能够及时了解教学评价领域的最新动态。在实践技能方面,课程应该提供大量的实践机会,让教师在实际操作中掌握教学评价的技能。这可以通过组织教学评价实践活动、模拟教学评价场景、分析真实的教学评价案例等方式实现。而在案例分析方面,课程应该选取具有代表性的教学评价案例,引导教师进行深入的分析和讨论。这不仅可以帮助教师更好地理解教学评价的理论知识,还可以提高他们解决实际问题的能力。

2. 强化教学评价在教学实践中的运用

教学评价能力的提升不仅依赖于理论知识的学习,更需要在教学实践中不断运用和反思。因此,在教育专业课程中,应该强化教学评价在教学实践中的运用,鼓励教师在实际教学中积极开展教学评价活动。这就要求将教学评价作为教学设计的重要环节,要求教师在制订教学计划时充分考虑如何有效地进行评价,还要将教学评价纳入课堂教学过程,鼓励教师在课堂上运用多种评价方式了解学生的学习情况,并要将教学评价作为教学反思的重要依据,引导教师在课后根据评价结果反思自己的教学方法和策略。

3. 建立科学的教学评价机制

科学且完善的教学评价机制,不仅是培养教师教学评价能力的前提条件,而且还是培养教师教学评价能力的基础,因而这套机制应该具有客观性与全面性,能够客观全面地反映教师的教学评价能力,也为教师提供有针对性的反馈和建议,帮助他们不断提升自己的教学评价水平。这套机制需要包含明确的教学评价标准,确保评价过程有章可循,并且采用多元化的评价方式,如学生评价、同行评价、自我评价等,以获得更全面、准确的评价信息,还需要建立及时、有效的反馈机制,确保教师能够及时了解自己的评价结果,并根据反馈进行调整和改进。不仅如此,高职院校还要着重于鼓励教师参与教学评价的研究和实践活动,为他们提供持续的专业发展支持。

(二)定期举办教学评价专题培训与研讨会

1. 明确培训目标,强化教学评价理论与实践的结合

在职培训中,应明确教学评价能力的培训目标,这包括帮助教师深入理解教学评价的理论知识,掌握科学、有效的教学评价方法,以及能够在实际教学中灵活运用这些知识和方法。为了实现这一目标,培训内容应涵盖教学评价的基本概念、原则、方法、流程等方面,同时结合具体的案例和实践活动,使教师能够在真实的教学情境中体验和感悟教学评价的精髓。在培训过程中,要强调教学评价理论与实践的结合。理论是实践的基础,只有掌握了扎实的理论知识,教师才能更好地指导实践;而实践则是理论的检验场,通过实践可以检验理论的正确性和有效性,进而推动理论的创新和发展。因此,培训应采用讲座、研讨、案例分析、实践操作等多种形式相结合的方式,使教师在参与中学习、在体验中提升。

2. 丰富培训内容,关注教学评价的前沿动态与多元发展

教学评价是一个不断发展的领域,新的评价理念、方法和技术不断涌现。

因此,在职培训中应关注教学评价的前沿动态,及时引入最新的研究成果和实践经验,使教师能够站在时代的前沿,把握教学评价的发展趋势。而且,教学评价也是一个多元化的领域,不同的学科、不同的教学对象、不同的教学环境都需要采用不同的评价策略。因此,培训应关注教学评价的多元发展,尊重教师的个性差异和教学风格,提供多样化的评价工具和资源,帮助教师根据自己的实际情况选择合适的评价方法和手段。并且,在丰富培训内容的同时,还需要注重培训的实效性。培训不仅仅是传授知识和技能,更重要的是激发教师的学习热情和创新精神,帮助他们形成自我学习、自我提升的能力。所以,培训应采用启发式、互动式、探究式等灵活多样的教学方法,鼓励教师主动参与、积极交流、合作探究,使培训成为教师专业成长的助推器。

3. 完善培训机制,保障教学评价能力持续提升

为了确保教师教学评价能力的持续提升,需要完善在职培训的机制。对此,应建立长效的培训制度,将教学评价能力培训纳入教师专业发展的整体规划之中,明确培训的目标、内容、时间、方式等要素,确保培训的规范化和常态化。而学校和教育部门应设立专门的培训机构或指定专人负责培训的组织和实施工作,制定详细的培训计划和方案,确保培训的针对性和实效性。同时,还要加强对培训过程的监督和评估,及时发现和解决问题,确保培训的质量和效果。并且,还要建立健全的激励机制。通过设立奖励机制、提供晋升机会等措施,激发教师参加培训的积极性;通过建立成果共享机制、推广优秀经验等措施,鼓励教师在培训后将所学知识和技能运用到实际教学中去;通过建立持续学习机制、提供进修机会等措施,帮助教师不断提升自己的教学评价能力。

参 考 文 献

[1] 管培俊. 高校人事制度改革与教师队伍建设 [M]. 北京:北京师范大学出版社,2015.

[2] 孟繁华. 坚持把教师队伍建设作为基础工作 [M]. 北京:中国人民大学出版社,2021.

[3] 郑山明. 地方本科院校教师队伍建设研究 [M]. 北京:光明日报出版社,2018.

[4] 崔静静. 新时代地方本科院校"双师型"教师队伍建设研究 [M]. 北京:冶金工业出版社,2020.

[5] 刘朝忠. 教师队伍建设与专业发展 [M]. 北京:高等教育出版社,2017.

[6] 马萌. 高职院校双师型教师队伍高质量建设研究 [J]. 科教导刊,2023(34):99-101.

[7] 胡湘梅. 新时代高职院校廉洁文化教育师资队伍建设的路径研究 [J]. 现代职业教育,2023(34):117-120.

[8] 孟华. 新时代高职院校高素质专业化教师队伍建设研究 [J]. 产业与科技论坛,2023,22(23):119-121.

[9] 谭见君. 高职院校人工智能专业"双师型"师资队伍建设路径选择 [J]. 长沙理工大学学报(社会科学版),2023,38(6):115-120.

[10] 崔舒雅,林祝亮,曹振新. 高职院校梯度化双师型教师队伍建设策略研究 [J]. 现代教育科学,2023(6):37-43+60.

[11] 乔万俊. 新文科背景下高职"双师型"英语教师队伍建设研究 [J]. 林区教学,2023(11):92-95.

[12] 赵立宏. 高职院校教学创新团队"双师型"教师队伍建设研究 [J]. 中国多媒体与网络教学学报(中旬刊),2023(11):132-135.

[13] 霍霄艳,陈凯锋,王海花. 产教融合背景下高职院校"双师型"教师队伍的现状与对策研究 [J]. 焦作大学学报,2023,37(4):80-83.

[14]王萍萍.高职院校艺术教育类专业"双师型"教师队伍建设研究[J].普洱
　　学院学报,2023,39(5):123-125.

[15]蔡安成.基于职教集团的高职院校"双师型"教师队伍建设路径研究[J].
　　机械职业教育,2023(10):24-27.

[16]李静,李星颐.基层教学组织重构视角下高职院校教师教学创新团队建设
　　研究[J].四川职业技术学院学报,2023,33(5):1-4+46.

[17]闫炎.现代学徒制人才培养模式下高职院校"双师型"教师队伍建设[J].
　　中阿科技论坛(中英文),2023(10):133-137.

[18]杨静,张彦文."双高计划"背景下高职院校"双师型"师资队伍的建设与
　　发展[J].科教导刊,2023(28):83-85.

[19]李晓."双高计划"背景下"双师型"教师队伍建设机制研究[J].现代职业
　　教育,2023(28):97-100.

[20]樊新波,王桂红,杨雨晴.高职院校汽车类专业"双师型"教师队伍建设的
　　实践路径[J].当代农机,2023(9):58-59.

[21]李慧敏.职教高质量发展背景下高职教师队伍建设略论[J].辽宁高职学
　　报,2023,25(9):81-84.

[22]叶红.高职院校物流管理创新创业教育教师队伍建设研究[J].物流工程
　　与管理,2023,45(9):176-180+191.

[23]苏金英.提质培优背景下高职院校"双师型"教师队伍建设研究[J].长沙
　　航空职业技术学院学报,2023,23(3):24-30.

[24]邓昊.多措并举,校企共培,打造大工匠精神的"双师型"教师队伍以天津
　　市高职院校师资队伍建设为例[J].吉林省教育学院学报,2023,39(9):
　　102-106.

[25]张洪芬.新时代高职院校教师队伍建设的问题及路径探析[J].现代职业
　　教育,2023(25):149-152.

[26]高燕林,何艳,产教融合背景下高职院校"双师型"教师队伍建设的困境
　　与出路[J].湖北开放职业学院学报,2023,36(16):75-77.

[27]刘永生.广东高职教师党支部书记"双带头人"队伍建设研究[J].湖北开
　　放职业学院学报,2023,36(15):112-114.

[28]葛宏翔.高职院校"双师型"教师立体化培养体系构建探索[J].辽宁经济
　　管理干部学院学报,2023(4):85-87.

[29]张禾蓉.从教育事业综合统计调查数据研究高职院校教师队伍建设——以江苏商贸职业学院为例[J].就业与保障,2023(7):145-147.

[30]孙涛.新时代高职院校"双师型"教师队伍建设的问题与对策[J].襄阳职业技术学院学报,2023,22(3):69-74.